AF337440

LE TOMBEAU

DE

MLLE DE LESPINASSE

PAR D'ALEMBERT ET GUIBERT

PARIS

Librairie des Bibliophiles

M DCCC LXXIX

LE TOMBEAU

DE

MLLE DE LESPINASSE

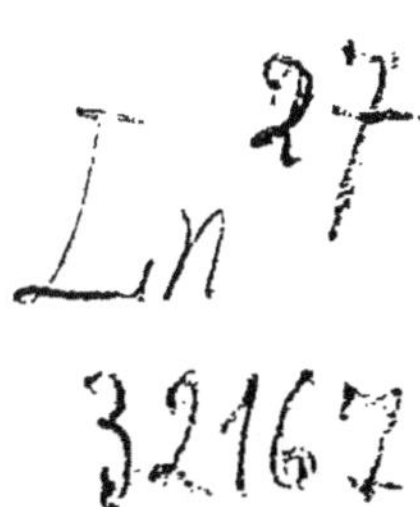

A Lalauze sc   MELLE DE LESPINASSE   Imp A Salmon

Jouaust Ed

LE TOMBEAU

DE

Mlle DE LESPINASSE

PAR D'ALEMBERT

ET PAR LE COMTE DE GUIBERT

Eau-forte par Ad. Lalauze

PARIS

LIBRAIRIE DES BIBLIOPHILES
Rue Saint-Honoré, 338

LE TOMBEAU

DE

Mlle DE LESPINASSE

PAR D'ALEMBERT

ET PAR LE COMTE DE GUIBERT

PUBLIÉ

PAR LE BIBLIOPHILE JACOB

AVEC UNE

Eau-forte par Ad. Lalauze

PARIS

LIBRAIRIE DES BIBLIOPHILES

Rue Saint-Honoré, 338

M DCCC LXXIX

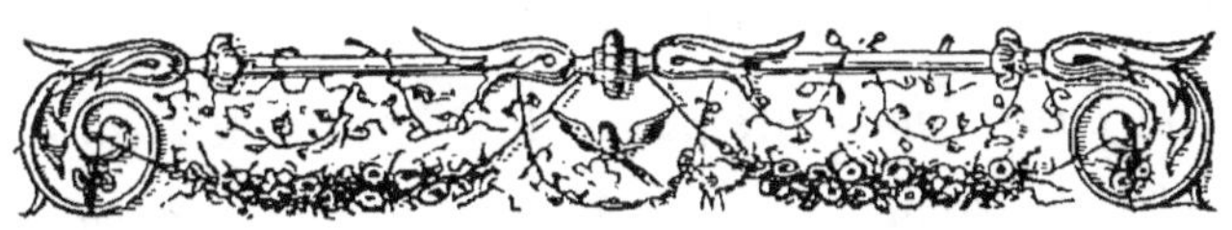

PRÉFACE

LE chef-d'œuvre connu de d'Alembert, chef-d'œuvre connu surtout traditionnellement, car il y a peu de personnes qui l'aient lu parmi celles qui le citent et qui l'estiment de confiance, c'est son Discours préliminaire de l'ENCYCLOPÉDIE; son chef-d'œuvre inconnu, c'est le recueil des trois opuscules qu'il a consacrés à la mémoire de Mlle de Lespinasse. Tous les biographes, sans doute, ont parlé avec plus ou moins de détails de sa fidèle affection pour cette femme célèbre, qui n'était ni belle ni jolie, mais qui était la plus séduisante par son merveilleux génie de conversation, et peut-être la plus charmante par les grâces de son esprit et les qualités de

a

son cœur; mais les pages touchantes et trem-
pées de larmes que d'Alembert a écrites sur
cette amie, à laquelle il eut le chagrin de survivre
pendant sept années, en disent plus, et le disent
mieux, que toutes les biographies, au sujet de
l'attachement délicat et immuable d'un philosophe, qu'on a considéré comme le plus froid
des hommes, pour une femme qui, à la juger
d'après ses lettres intimes, était la plus ardente,
la plus passionnée des femmes.

Les trois opuscules que nous réimprimons ne
sont pas indifférents au point de vue du style,
qui est toujours noble, élégant, énergique, clair
et précis, car d'Alembert est un de nos grands
écrivains, qu'on ne lit plus, et dont la réputation restera incontestée. Mais qui songerait à
chercher, dans les dix-huit volumes de ses
œuvres complètes, une trentaine de pages ex-
quises, perdues, étouffées, cachées entre de
longs ouvrages philosophiques et mathéma-
tiques?

D'Alembert, dans le portrait qu'il a fait de
lui-même, non pas en 1760, comme ses édi-

teurs ont daté ce morceau curieux trouvé dans ses papiers, mais sans doute en 1770, à l'époque où il devint amoureux de Mlle de Lespinasse, nous apprend de quelle manière il sentait et comprenait l'amour :

« Son âme, naturellement sensible, aime à s'ouvrir à tous les sentiments doux : c'est pour cela qu'il est à la fois très gai et très porté à la mélancolie; il se livre même à ce dernier sentiment avec une sorte de délices, et cette pente que son âme a naturellement à s'affliger le rend assez propre à écrire des choses tristes et pathétiques.

« Avec une pareille disposition, il ne faut pas s'étonner qu'il ait été susceptible, dans sa jeunesse, de la plus vive, de la plus tendre et de la plus douce des passions : les distractions et la solitude la lui ont fait ignorer longtemps. Ce sentiment dormait, pour ainsi dire, au fond de son âme, mais le réveil a été terrible; l'amour n'a presque fait que le malheur de d'Alembert, et les chagrins qu'il lui a causés l'ont dégoûté longtemps des hommes, de la vie et de l'étude même. Après avoir consumé ses premières années dans la méditation et le travail, il a vu, comme le Sage, le néant des connaissances humaines ; il a senti qu'elles ne pouvaient occuper son cœur et s'est écrié avec l'Aminte du Tasse : J'ai perdu tout le temps que j'ai passé sans aimer. Mais, comme il ne prenait pas aisément de l'amour, il ne se persuadait pas aisément qu'on en eût pour lui ; une résistance trop longue le rebutait, non par l'offense qu'elle faisait à son amour-propre, mais parce que la simplicité et la candeur de son âme ne lui permettaient pas de croire qu'une résistance soutenue ne fût qu'apparente. Son âme avait besoin d'être remplie, et non pas tourmentée : il ne lui fallait que des émotions douces ; les secousses l'auraient usée et amortie. »

L'amour de d'Alembert était pourtant d'une espèce très problématique, et l'on peut soutenir, jusqu'à un certain point, que le froid d'Alembert, comme le qualifie Gilbert, ne fut pas l'amant de Mlle de Lespinasse. On a même

supposé qu'il était son frère. On sait qu'il eut
pour mère la romancière Mme de Tencin ; on
a pensé que Mlle de Lespinasse pouvait être fille
du cardinal de Tencin. Ce qui prouverait qu'elle
était née dans l'Église, c'est que par testament
elle légua le payement de ses dettes à l'arche-
vêque de Toulouse. Il paraît que la comtesse
d'Albon l'avait élevée et presque adoptée, mais
elle ne poussa pas le dévouement jusqu'à la
reconnaître pour sa fille naturelle. Dans tous
les cas, en voyant d'Alembert et Mlle de Lespinasse vivre et habiter ensemble, on est fondé
à croire que le monde, le grand monde qu'ils
recevaient tous les soirs dans leur salon, était
édifié sur la nature honnête et respectable de
leurs relations amicales.

Écoutons Marmontel, qui se porte garant de
l'innocence de ces relations : « D'Alembert, à
qui Mme du Deffant proposa impérieusement
l'alternative de rompre avec Mlle de Lespinasse
ou avec elle, n'hésita point et se livra tout entier
à sa jeune amie. Ils demeurèrent loin l'un de
l'autre, et quoique, dans le mauvais temps, il

fût pénible pour d'Alembert de retourner, le soir, de la rue Bellechasse à la rue Michel-le-Comte, où logeait sa nourrice, il ne pensait point à quitter celle-ci. Mais, chez elle, il tomba malade, et assez dangereusement pour inquiéter Bouvart, son médecin. Sa maladie était une de ces fièvres putrides dont le premier remède est un air libre et pur. Or son logement chez la vitrière était une petite chambre mal éclairée, mal aérée, avec un lit à tombeau très étroit. Bouvart nous déclara que l'incommodité de ce logement pouvait lui être très funeste. Watelet lui en offrit un dans son hôtel, voisin du boulevard du Temple : il y fut transporté. Mlle de Lespinasse, quoi qu'on en pût penser et dire, s'établit sa garde-malade. Personne n'en pensa et n'en dit que du bien.

« D'Alembert revint à la vie, et dès lors, consacrant sa vie à celle qui en avait pris soin, il désira de loger auprès d'elle. Rien de plus innocent que leur intimité; aussi fut-elle respectée; la malignité même ne l'attaqua jamais, et la considération dont jouissait Mlle de

Lespinasse, loin d'en souffrir aucune atteinte, n'en fut que plus honorablement et plus hautement établie. Mais cette liaison si pure, et, du côté de d'Alembert, toujours tendre et inaltérable, ne fut pas pour lui aussi douce, aussi heureuse qu'elle aurait dû l'être.

« L'âme ardente et l'imagination romantique de Mlle de Lespinasse lui firent concevoir le projet de sortir de l'étroite médiocrité où elle craignait de vieillir. Avec tous les moyens qu'elle avait de séduire et de plaire, même sans être belle, il lui parut possible que, dans le nombre de ses amis, et même des plus distingués, quelqu'un fût assez épris d'elle pour vouloir l'épouser. Cette ambitieuse espérance, plus d'une fois trompée, ne se rebutait point : elle changeait d'objet, toujours plus exaltée, et si vive qu'on l'aurait prise pour l'enivrement de l'amour. Par exemple, elle fut un temps si éperdument éprise de ce qu'elle appelait l'héroïsme et le génie de Guibert que, dans l'art militaire et le talent d'écrire, elle ne voyait rien de comparable à lui. Celui-là, cependant, lui

échappa comme les autres. Alors ce fut à la
conquête du marquis de Mora, jeune Espagnol
d'une haute naissance, qu'elle crut pouvoir
aspirer ; et, en effet, soit amour, soit enthousiasme, ce jeune homme avait pris pour elle un
sentiment passionné. Nous le vîmes plus d'une
fois en adoration devant elle, et l'impression
qu'elle avait faite sur cette âme espagnole prenait un caractère si sérieux que la famille du
marquis se hâta de le rappeler. Mlle de Lespinasse, contrariée dans ses désirs, n'était plus la
même avec d'Alembert, et il en essuyait non seulement des froideurs, mais souvent des humeurs
chagrines pleines d'aigreur et d'amertume. Il
dévorait ses peines et ne gémissait qu'avec moi.
Le malheureux ! tels étaient pour elle son dévouement et son obéissance qu'en l'absence de
M. de Mora, c'était lui qui allait le matin qué-
rir ses lettres à la poste et les lui apportait à
son réveil. Enfin, le jeune Espagnol étant tombé
malade dans sa patrie, et sa famille n'atten-
dant que sa convalescence pour le marier
convenablement, Mlle de Lespinasse imagina

de faire prononcer par un médecin de Paris
que le climat de l'Espagne lui serait mortel;
que, si on voulait lui sauver la vie, il fallait
qu'on le renvoyât respirer l'air de la France;
et cette consultation, dictée par Mlle de Lespinasse, ce fut d'Alembert qui l'obtint de Lorry,
son ami intime et l'un des plus célèbres méde-
cins de Paris. L'autorité de Lorry, appuyée
par le malade, eut en Espagne tout son effet.
On laissa partir le jeune homme : il mourut
en chemin, et le chagrin profond qu'en ressentit
Mlle de Lespinasse, achevant de détruire cette
frêle machine que son âme avait ruinée, la pré-
cipita dans le tombeau. »

Condorcet, dans son Éloge de d'Alembert,
n'a pas oublié de rappeler aussi la tendre et
honorable amitié qui existait entre d'Alembert
et Mlle de Lespinasse, mais il ne nomme pas
l'amie de d'Alembert : « Après avoir demeuré
près de quarante ans dans la maison de sa
nourrice, dit-il, sa santé l'obligea de quitter le
logement qu'il occupait chez elle, et l'âge de
cette femme respectable ne lui permit pas de le

suivre. *Tant qu'elle vécut, deux fois chaque semaine il se rendait auprès d'elle, s'assurait par ses yeux des soins qu'on avait de sa vieillesse, cherchant à prévenir, à donner ce qui pouvait rendre plus douce la fin d'une vie sur laquelle sa reconnaissance et sa tendresse avaient répandu l'aisance et le bonheur. En quittant cette maison, il chercha un asile dans l'amitié, dans la société habituelle d'une femme aimable, qui, par une sensibilité simple et vraie, par les grâces élégantes et naturelles de son esprit, par la force de son âme et de son caractère, avait fait naître en lui un sentiment que les malheurs qu'elle avait longtemps éprouvés rendirent plus profond et plus tendre, et qui eût été la consolation de la vie de d'Alembert s'il n'avait pas eu le malheur de lui survivre. »*

Le sentiment de d'Alembert pour Mlle de Lespinasse, c'était, en quelque sorte, la passion de l'amitié. Il est nommé, dans les Lettres de cette aimable femme au comte de Guibert, avec un tendre respect qui prouve qu'ils vivaient, qu'ils avaient toujours vécu comme frère et

sœur : « Si je ne vous paraissais pas trop in-
grate, écrivait-elle, je vous dirais que je verrais
partir avec une sorte de plaisir M. d'Alembert.
Sa présence pèse sur mon âme et me met mal
avec moi-même ; je me sens trop indigne de son
amitié et de ses vertus. » Six ou huit ans au-
paravant, néanmoins, le bruit avait couru que
d'Alembert allait épouser Mlle de Lespinasse.
Voltaire disait à Damilaville, dans une lettre
du 5 mars 1766 : « Est-il vrai que Protagoras
se marie à Mlle de Lespinasse? » Mais, sept
jours après, ce mariage ayant été démenti, il
écrivait à Damilaville : « Protagoras n'est
point marié : tant mieux s'il l'était, parce qu'il
ferait des d'Alembert ; et tant mieux s'il ne l'est
pas, attendu qu'il n'a pas une fortune selon son
mérite. » Il est singulier que d'Alembert, dans
sa correspondance avec Voltaire, ne lui ait pas
souvent parlé de Mlle de Lespinasse ; on pour-
rait croire même qu'il évitait de le faire, car
Voltaire lui écrivait, le 5 novembre 1775 :
« M. d'Argental m'a envoyé de petits billets
charmans de Mlle de Lespinasse. Je ne me sens

pas la tête encore assez forte pour oser la re-
mercier de la part qu'elle a daigné prendre à
ma petite province. Vous lui parlerez bien
mieux que je ne lui écrirais. Dites-lui, je vous
en prie, combien je suis pénétré de ses bontés.
Je ne veux pas mourir ingrat. » Et, peu de
mois après, le 25 avril 1776, il écrit à d'A-
lembert : « Mon cher ami, on me mande que
Mlle de Lespinasse est très dangereusement malade. J'en suis très affligé, car je la connais
mieux que personne, puisque je la connais par
l'estime et par l'amitié que vous avez pour elle.
Je vous prie, si vous avez le temps d'écrire un
mot, de vouloir bien m'informer au plus vite
du retour de sa santé. » D'Alembert ne lui
écrivit que pour lui annoncer la perte irréparable
qu'il avait faite, et Voltaire en fut instruit par
une autre voie, car voici la lettre qu'il lui adressait à la date du 10 juin 1776 : « C'est pour
le coup, mon cher ami, que la philosophie vous
est bien nécessaire. Je n'ai appris que tard, et
par d'autres que par vous, la perte que vous
avez faite. Voilà toute votre vie changée. Il sera

bien difficile que vous vous accoutumiez à une telle privation. On dit que le logement que vous habitez peut-être déjà est triste. Je crains pour votre santé. Le courage sert à combattre, mais il ne sert pas toujours à rendre heureux.

« Je ne vous parle point, dans votre perte particulière, de la perte générale que nous avons faite d'un ministre digne de vous aimer et qui n'était pas assez connu chez les Velches de Paris. Ce sont à la fois deux grands malheurs auxquels j'espère que vous résisterez..... Ménagez votre existence le plus longtemps que vous pourrez. Vous êtes aimé et considéré, c'est la plus grande des ressources. Il est vrai qu'elle ne tient pas lieu d'une amie intime, mais elle est au-dessus de tout le reste. Adieu, mon vrai philosophe; souvenez-vous quelquefois d'un pauvre mourant qui vous est aussi tendrement dévoué qu'aucun de vos amis de Paris. »

D'Alembert répondit à cette affectueuse lettre, le 24 juin 1776 : « Je ne vous ai point appris mon malheur, mon très cher et très digne maître, d'abord parce que je n'avais pas la force d'écrire, et ensuite parce que je n'ai pas douté que nos amis communs ne vous en instruisissent. Je ne m'apercevrai du secours de la philosophie que lorsqu'elle aura pu réussir à me rendre le sommeil et l'appétit que j'ai perdus. Ma vie et mon âme sont dans le vide, et l'abîme de doutes où je suis me paraît sans fond. J'essaye de me secouer et de me distraire, mais, jusqu'à présent, sans succès. Je n'ai pu m'occuper, depuis un mois que j'ai essuyé cet affreux malheur, qu'à un Éloge que j'ai lu à la réception de La Harpe, et dans lequel il y avait plusieurs choses relatives à ma situation, que le public a bien voulu sentir et partager. Ce succès n'a fait qu'augmenter mon affliction, puisqu'il sera ignoré pour jamais de la malheureuse amie qu'il aurait intéressée. Adieu, mon cher maître ; quand ma pauvre âme sera plus calme et moins flétrie, je vous parlerai des autres chagrins que je partage avec vous, mais qui en ce moment sont étouffés par une douleur plus vive et plus pénétrante. Conservez-vous, et aimez toujours tuum ex animo. »

*D'Alembert fut inconsolable et inconsolé :
on peut être certain qu'il mourut de la mort de
Mlle de Lespinasse. Marmontel ne nous laisse
pas en douter : « D'Alembert, dit-il dans ses
Mémoires, fut inconsolable de sa perte. Ce
fut alors qu'il vint comme s'ensevelir dans le
logement qu'il avait au Louvre. J'ai dit ailleurs
comme il y passa le reste de sa vie. Il se plai-
gnait souvent à moi de la funeste solitude où il
croyait être tombé. Inutilement je lui rappelais
ce qu'il m'avait tant dit lui-même du change-
ment de son amie. « Oui, me répondait-il, elle
« était changée, mais je ne l'étais pas; elle ne
« vivait plus pour moi, mais je vivais toujours
« pour elle. Depuis qu'elle n'est plus, je ne sais
« plus pourquoi je vis. Ah! que n'ai-je à souf-
« frir encore les momens d'amertume qu'elle
« savait si bien adoucir et faire oublier! Sou-
« venez-vous des heureuses soirées que nous
« passions ensemble. A présent que me reste-
« t-il? Au lieu d'elle, en rentrant chez moi, je
« ne vais plus retrouver que son ombre. Ce*

« *logement du Louvre est lui-même un tombeau,*
« *où je n'entre qu'avec effroi.* »

D'Alembert survécut à peine sept ans à son amie, dont le souvenir ne le quittait pas un instant.

La notice que le comte de Guibert a écrite sur Mlle de Lespinasse, l'ÉLOGE D'ÉLIZA, nous a paru inséparable des adieux éloquents que d'Alembert adressait à l'amie qu'il venait de perdre.

P. L. JACOB, bibliophile.

MADEMOISELLE

DE LESPINASSE

ÉLOGE D'ÉLIZA

QUELLE nuit! quelle solitude! affreux emblème de mon cœur! Demain ces ténèbres qui m'entourent se dissiperont, et la nuit qui enveloppe Éliza est éternelle! demain l'univers se réveillera, Éliza seule ne se réveillera plus!

Ame sublime, où donc es-tu passée? dans quelle région? Ah! tu es retournée vers ta

source, tu as repris ton vol vers ta patrie!
Tu étois une émanation du Ciel, et le Ciel t'a
réclamée. Il t'avoit laissée trop longtemps
habiter parmi les hommes. Oui, sans l'ordre
du Ciel, Éliza ne pouvoit devenir la proie de
la mort. Elle étoit si active, si animée, si vi-
vante! Hélas! depuis deux ans, c'étoit son
âme qui trompoit mes inquiétudes et qui as-
soupissoit mes craintes. Je voyois tous les
jours Éliza se décolorer et s'affoiblir; mais
jamais son esprit n'avoit jeté tant d'éclat, jamais son cœur n'avoit tant aimé! « Elle vivra!
elle vivra! me disois-je en la quittant; tant
de vie doit braver la mort!» Et alors je ne
concevois pas plus l'idée d'Éliza pouvant
mourir que celle du soleil prêt à s'éteindre.

Éliza n'est plus! Qui éclairera mon jugement? qui échauffera mon imagination? qui
m'enflammera pour la gloire! qui remplacera
pour moi le sentiment profond qu'elle m'in-
spiroit! que ferai-je de mon âme et de ma
vie? O mon cœur, rappelle à ma pensée ce

que fut Éliza! Je veux la célébrer, et, pour la célébrer, il ne faut que la peindre. Éliza ne mourra jamais dans la mémoire de ses amis ; mais ses amis mourront un jour comme elle, et je veux qu'elle vive dans l'avenir ; je veux qu'après moi quelque âme sensible, en lisant cette complainte funèbre, regrette de ne l'avoir pas connue et s'attendrisse sur le malheur que j'eus de lui survivre.

Éliza m'avoit raconté plusieurs fois les premières années de sa vie. Que tout ce qu'on entend sur nos théâtres, que ce qu'on lit dans nos romans, est froid et dénué d'intérêt auprès de ce récit ! C'est dans l'intérieur des familles qu'il faut pénétrer pour voir les grandes scènes des passions et de la calamité humaine. Nos écrivains les défigurent en les imaginant, et il n'y a que leurs acteurs et leurs victimes qui puissent les peindre. Éliza naquit sous l'auspice de l'amour et du malheur. Sa mère étoit une femme d'un grand nom, qui vivoit séparée de son mari. Elle l'éleva publiquement, comme si elle eût été en droit de l'avouer pour sa fille, et elle lui fit un mystère de sa naissance; souvent elle la baignoit en secret de ses larmes. Elle sembloit, par le redoublement de sa tendresse, vouloir la consoler du présent funeste qu'elle lui avoit fait de la vie; elle la combloit de caresses et de bienfaits; elle lui donna elle-même le premier de tous, une excellente éducation : c'étoit, dans peu, tout ce qui devoit lui rester. Elle mourut presque subitement et au moment où elle alloit tout tenter pour donner à sa fille un état que les lois pouvoient peut-être lui accorder. Éliza resta abandonnée à des parens qui bientôt ne furent plus que ses persécuteurs. Ils lui apprirent ce qu'elle étoit : de fille aînée, de fille chérie, elle descendit tout d'un coup, dans la même maison, à l'état d'orpheline et d'étrangère! La dédaigneuse et barbare pitié prit soin de cette infortunée, jusque-là si tendrement soignée par le remords et par la nature. Elle vécut, parce qu'elle étoit dans cet âge où le malheur ne tue pas, et où, pour mieux dire, il n'y a pas de malheur.

Éliza n'étoit rien moins que belle, et ses traits avoient encore été défigurés par la petite vérole ; mais sa laideur n'avoit rien de repoussant au premier coup d'œil ; au second on s'y accoutumoit, et dès qu'elle parloit on l'avoit oubliée. Elle étoit grande et bien faite. Je ne l'ai connue qu'à l'âge de trente-huit ans, et sa taille étoit encore noble et pleine de grâce. Mais ce qu'elle possédoit, ce qui la distinguoit par-dessus tout, c'étoit ce premier charme sans lequel la beauté n'est qu'une froide perfection : la physionomie. La sienne n'avoit point un caractère particulier : elle les réunissoit tous. Ainsi, on ne pouvoit pas précisément dire qu'elle fût ou spirituelle, ou vive, ou douce, ou noble, ou fine, ou gracieuse, espèce d'éloge par lequel on dégrade, ce me semble, les figures que l'on veut louer : car, quand un visage a une expression habituelle, cette expression est plutôt le résultat de sa conformation, et ce qu'on peut appeler l'air des traits, que ce qu'il faut appeler de la physionomie. La physionomie vient du dedans ; elle naît de la pensée ; elle est mobile et fugitive ; elle échappe à l'œil et trompe le pinceau. O Éliza, Éliza, qui n'a pas eu le bonheur de vivre dans ton intimité, dans celle de tes affections, de tes mouvemens, de ta confiance, ne peut savoir ce que c'est que la physionomie ! J'ai vu des visages animés par l'esprit, par la passion, par le plaisir, par la douleur ; mais que de nuances m'étoient inconnues avant que je connusse Éliza !

Cette flamme du Ciel, cette énergie de sentiment, enfin, si j'ose m'exprimer ainsi, cette abondance de vie, Éliza, quand elle n'étoit pas accablée par le malheur, elle la répandoit sur tout ce qu'elle vouloit animer ; mais elle ne vouloit rien : elle animoit sans prétention et sans projet. On n'approchoit pas de son âme sans se sentir attiré. J'ai connu des cœurs apathiques qu'elle avoit électrisés ; j'ai vu des esprits médiocres que sa société avoit élevés. « Élisa, lui disois-je en lui voyant opérer ce phénomène, vous rendez le marbre sensible et vous faites penser la matière. » Que 'dut être cette âme céleste pour celui dont elle avoit fait son premier objet, pour celui qui l'anima à son tour !

O toi qui fus cet objet, Gonsalve ! heureux Gonsalve ! tu devois te croire sous le climat brûlant de l'Équateur, aimé d'une des filles du Soleil. La mort t'enleva au milieu de ta carrière, mais en quelques années tu épuisas tout le bonheur que le Ciel peut accorder aux hommes sur la terre : tu fus aimé d'Éliza ! Ah ! si tu pouvois savoir encore ce qu'elle devint après toi ! Elle vécut deux ans desséchée par la douleur, portant la plaie du malheur, comme un arbre que la foudre a cicatrisé, et elle finit par s'éteindre en bénissant la mort.

On pourroit croire qu'Éliza, vivement occupée d'un objet, l'étoit moins de ses amis :
jamais elle ne les aima davantage, et jamais
elle ne leur fut plus chère. La passion et le
malheur sembloient avoir donné à son âme
une activité et une énergie nouvelles. Eh !
qui fit goûter comme elle le charme de l'a-
mitié ? qui sut comme elle s'approcher du
cœur des personnes qu'elle aimoit ? Elle atti-
roit si doucement la confiance ! elle entendoit
si bien la langue des passions ! De quelque
sentiment qu'on eût l'âme remplie, elle faisoit éprouver le besoin de le lui communiquer, et l'on se trouvoit toujours plus heureux ou moins malheureux auprès d'elle.
Étoit-on dans cet état de langueur qui est la
situation habituelle de tous les gens du
monde quand ils n'ont ni plaisir ni peine,
on en sortoit bientôt auprès d'Éliza : car ou
on la voyoit malheureuse et souffrante, et
alors on étoit animé du sentiment de ses
maux, ou, ce qui arrivoit souvent, son esprit

et son âme prenoient l'ascendant sur eux, et alors quel intérêt! quelle conversation! Il falloit malgré soi l'écouter, penser et revivre.

Souvent, en comparant Éliza à tout ce que j'ai connu de femmes aimables et d'hommes de beaucoup d'esprit, j'ai cherché à m'expliquer le principe de ce charme que personne ne possédoit comme elle, et voici en quoi il m'a paru consister : elle étoit toujours exempte de personnalité et toujours naturelle. Exempte de personnalité, jamais on ne le fut à ce point. Avec ses amis, c'étoit par sentiment, et parce qu'elle avoit toujours plus besoin de leur parler d'eux que d'elle-même; avec le reste de la société, c'étoit par finesse d'esprit et de jugement. Elle savoit que le grand secret de plaire est de s'oublier pour s'occuper des autres, et elle s'oublioit sans cesse. Elle étoit l'âme de la conversation, et elle ne s'en faisoit jamais l'objet. Son grand art étoit de mettre en valeur l'esprit des autres, et elle en jouissoit plus que de montrer le sien. Naturelle, elle l'étoit dans sa démarche, dans ses mouvemens, dans ses gestes, dans ses pensées, dans ses expressions, dans son style, et ce naturel avoit en même temps quelque chose d'élégant, de noble, de doux, d'animé. Une partie de ce naturel s'étoit sans doute perfectionné par une excellente éducation, par un goût exquis, par l'habitude de sa jeunesse passée dans la meilleure compagnie, et avec les personnes les plus aimables de son temps; mais il lui étoit devenu tellement propre qu'on ne sentoit jamais que l'art y eût contribué, aimable illusion qui s'évanouit avec presque toutes les femmes quand on converse quelque temps avec elles, et dont l'absence, laissant voir la prétention ou l'effort, refroidit tout intérêt et glace tout plaisir.

Ce qui m'a toujours le plus frappé dans Éliza, c'est le rapport et (si je puis m'exprimer ainsi) l'harmonie qui régnoit entre ses pensées et ses expressions. Étoit-elle animée

par son esprit ou par son cœur, ses mouvemens, son visage, tout, jusqu'au son de sa
voix, formoit un accord parfait avec ses paroles. C'est par ce défaut d'accord que la conversation de tant de gens d'esprit est sans
chaleur et sans effet. Ils n'ont jamais ni l'expression ni l'accent de ce qu'ils disent ; ils se
battent les flancs pour s'animer, et leur voix
monotone traduit leur froideur. Leur esprit
leur fournit quelquefois des choses sensibles ;
mais leur visage est en contre-sens avec elles.
Quelquefois, par adresse ou par hasard, ils
ont une inflexion juste ; mais cette inflexion
perd bientôt tout son prix, parce que, l'instant d'après, ils l'appliquent à une pensée
pour laquelle elle n'étoit pas faite. Que me
fait le sourire aimable, le regard touchant, la
voix sensible de certaines femmes ? Ce charme
ne les quitte jamais ; il est de tous les temps,
de tous les lieux ; elles l'emploient avec un
sot et avec un fat. Dès lors, ce charme n'en
est plus un pour moi.

Le tact si rare et si difficile des personnes
et des convenances, voilà encore ce qu'Éliza
possédoit au suprême degré. Jamais elle ne
se méprenoit, jamais elle ne confondoit, jamais elle ne disoit une chose sensible à qui
ne pouvoit pas la sentir, et n'exprimoit une
pensée fine à qui ne pouvoit pas l'entendre.
Sa conversation n'étoit jamais au-dessus ou
au-dessous de ceux à qui elle parloit ; elle
sembloit avoir le secret de tous les caractères,
la mesure et la nuance de tous les esprits.

Éliza n'étoit pas savante ; elle étoit in-
struite, et elle n'en avoit pas la prétention.
Son instruction étoit si heureusement fondue
dans son esprit, et son esprit dominoit si
bien sur elle que c'étoit toujours lui qu'on
sentoit davantage. Elle savoit l'anglois, l'i-
talien, et elle possédoit la littérature de plusieurs autres langues dans nos meilleures tra-
ductions ; elle savoit surtout parfaitement sa
propre langue. Elle avoit fait plusieurs défi-
nitions de synonymes que l'abbé Girard et les

meilleurs esprits de l'Académie n'auroient pas désavouées. Je n'ai jamais connu à personne comme à elle le don précieux du *mot propre,* ce don sans lequel il ne peut y avoir ni nuance ni justesse dans l'expression, et qui exige à la fois un esprit formé, une connoissance approfondie de la grammaire, et, indépendamment du bon goût naturel, ce goût perfectionné et de convention qu'on ne peut acquérir que dans le commerce des gen de lettres et des gens du monde réunis.

Les livres les mieux écrits ont des instans de longueur et des lacunes d'intérêt. La conversation d'Éliza, toutes les fois qu'elle vouloit ou pouvoit s'y livrer tout entière, n'en avoit point. Elle disoit cependant souvent, et le plus souvent, des choses simples; mais elle ne les disoit jamais d'une manière commune, et cet art, qui sembloit n'en être pas un chez elle, ne se faisoit jamais sentir et ne la faisoit jamais tomber dans la recherche et dans l'affectation. Elle ne faisoit point de termes nouveaux; elle n'employoit ni antithèses ni équivoques. Elle applaudissoit quelquefois aux jeux de mots des autres; mais il falloit qu'ils fussent heureux, de bon goût, ou bien dits dans l'abandon du naturel et de la facilité, ce qui, à ses yeux, étoit toujours le premier mérite en tout genre : car la prétention, de quelque espèce qu'elle fût, lui étoit antipathique. Elle ne pouvoit supporter ce qui sentoit l'effort et l'apprêt; elle auroit presque préféré le rude et l'ébauché à ce qui étoit trop gracieux ou trop fini. De là on peut juger combien elle haïssoit les manières affectées, les airs et autres sottises des gens du monde. Elle avoit la même finesse et la même sévérité de goût pour les ouvrages d'esprit. Elle n'avoit jamais pu s'accoutumer aux vers du cardinal de Bernis, à ceux de Dorat, de... et autres poètes de cette école. Elle ne faisoit aucun cas des romans de Crébillon, de Marivaux et de tous ceux que leur genre a enfantés après eux; mais, en re-

vanche, elle s'étoit nourrie de Racine, de
Voltaire, de La Fontaine : elle les savoit par
cœur ; elle étoit passionnée pour Jean-
Jacques, elle aimoit Prévost, Le Sage ; mais
elle mettoit au-dessus de tout l'immortel
Richardson : elle l'avoit lu, relu, traduit ; elle
adoroit Sterne. C'étoit elle qui avoit fait à
Paris la réputation du *Voyage sentimental.*
Les ouvrages inégaux, imparfaits, bizarres
même, obtenoient grâce à ses yeux, pourvu
qu'elle y trouvât quelque trait de génie ou
de sensibilité. C'est ainsi qu'elle avoit eu la
patience de défricher, la première, tout *Tris-
tram Shandy.* La mort de Manon, dans *le
Paysan perverti,* et quelques pages semblables,
lui faisoient défendre cet ouvrage, d'ailleurs
rempli de choses médiocres et ridicules. Oh !
comme elle étoit en tout genre amie de ce
qui est bon ! comme elle en jouissoit ! comme
elle savoit louer ce qui lui avoit plu, et surtout ce qui l'avoit touchée ! comme elle
avoit besoin de communiquer son sentiment

à tout ce qu'elle croyoit capable de le partager! Et ce n'étoit pas pour des ouvrages de
littérature seulement qu'elle étoit susceptible de se passionner ainsi : tous les arts de
goût et d'imagination avoient des droits sur
elle. Un beau tableau, un bon morceau de
sculpture, d'excellente musique, la flattoient
tour à tour, et dans ces différens arts elle
étoit encore sensible à tous les genres. Elle
admiroit le mausolée du cardinal de Riche-
lieu, et le petit *Oiseau mort* d'Houdon alloit
à son âme ; elle se seroit passionnée pour un
Rubens, et le moment d'après elle auroit
joui d'un Petitot. Elle étoit ravie de la musique de Grétry, et le lendemain un air d'*Or-
phée* lui sembloit la musique du Ciel. Oh!
que vous décelez des âmes stériles et froides,
vous qui l'accusiez d'être enthousiaste et de
confondre tous les genres! Elle ne les confondoit pas, elle les sentoit tous, et en les
sentant elle les jugeoit. Croyez qu'elle savoit
mettre à chacun d'eux son véritable prix. Si

vous l'eussiez observée de suite, si vous eussiez entendu sa langue (car elle en avoit une qui ne pouvoit être à votre usage), vous eussiez distingué dans ses sensations et dans leurs expressions des degrés et des nuances. Il y en avoit de si marquées, de si variées, de si multipliées, de son plaisir à ses transports, de son estime à son admiration, de son admiration à son enthousiasme, de son enthousiasme à ce qui alloit plus directement et plus profondément à son âme! Ah! si quelquefois une expression, rendue plus vive par la situation momentanée de son esprit, lui arrachoit une expression exagérée, croyez qu'elle savoit ensuite s'en rendre compte dans le silence et dans le calme de sa pensée, et remettre à sa place ce qu'elle avoit quelquefois trop élevé.

On l'accusoit, de même, d'enthousiasme et de prévention dans ses sentimens. On ne pouvoit concevoir, disoit-on, que son cœur pût suffire à tant d'amis. Ames étroites et vulgaires, étoit-ce à vous à mesurer et à comprendre la sienne? D'abord tous ses sentimens n'étoient pas des passions. Il en étoit de ses sentimens comme de ses goûts : ils avoient différens degrés, suivant la différence de leur principe. Elle aimoit d'estime, d'attraits, de reconnoissance. Elle aimoit dans Ariste le génie réuni à la vertu ; dans Sainval, une âme de feu et qui avoit peut-être avec la sienne quelque rapport ; dans Cléon, dans Ergaste, dans Valère, etc., telle ou telle qualité d'esprit ou de caractère qui justifioit son penchant. Mais dites, ô vous tous qui fûtes ses amis ! si jamais quelqu'un de vous, en particulier, eut quelque reproche à faire à son amitié ! si, quand vous fûtes souffrant, malade ou malheureux, il ne sembla pas que vous fussiez son unique objet ! Elle nous avoit tous entre nous liés d'une sorte d'intérêt dont elle étoit le mobile et le but ; nous nous sentions tous amis chez elle, parce que nous y étions réunis par les mêmes sentimens, le désir de

lui plaire et le besoin de l'aimer. Hélas !
combien de personnes se voyoient, se re-
cherchoient, se convenoient par elle, qui ne
se verront, ne se rechercheront, ne se con-
viendront plus ! Le charme de sa société tenoit si bien à elle que les personnes qui la
composoient n'étoient plus les mêmes ailleurs : ce n'étoit que chez elle qu'elles
avoient toute leur valeur. « Nous voilà tous
séparés, disois-je hier, en fondant en larmes,
à ses amis rassemblés au moment de sa mort ;
on peut nous appliquer ces paroles de l'Écriture : *Le Seigneur a frappé le berger, et le
troupeau s'est dispersé.* »

L'esprit d'Éliza, tout aimable, tout animé
qu'il étoit, y réunissoit le mérite de la justesse et de la solidité. Elle n'avoit jamais
cultivé les sciences exactes ; mais elle étudioit la
morale, elle aimoit la saine métaphysique.
Elle lisoit souvent Montaigne ; elle connois-
soit Locke avant que Rousseau ne l'eût, sous
des formes plus heureuses, fait passer dans

notre langue; elle faisoit ses délices de Ta-
cite et de Montesquieu. Un des auteurs vi-
vans dont elle estimoit le plus les ouvrages
étoit l'abbé de Condillac. Tout ce qui étoit
fort plaisoit à son caractère, et tout ce qui
étoit fin ou profond plaisoit à son esprit.

Tant d'avantages naturels et acquis auroient justifié dans Éliza quelque mouvement d'orgueil, et elle n'en eut jamais.
Elle qui sentoit et jugeoit si bien l'esprit des
autres sembloit ignorer le sien; elle s'en mé-
fioit même : aussi n'écrivit-elle jamais rien
pour le public. Si quelquefois son âme eut
besoin de s'épancher, ou pour elle-même,
ou pour ses amis, elle prit grand soin que ce
secret ne fût connu que d'eux; elle exigea
même de leur amitié de lui rapporter ses
lettres ou de les brûler. Ainsi, divers petits
ouvrages qu'elle avoit composés sont vrai-
semblablement perdus pour toujours, tels
qu'un grand nombre de *Synonymes*, trois
chapitres dans le genre du *Voyage senti-*

mental, une *Apologie* de ses défauts, et particulièrement de la facilité qu'on lui reprochoit à se prévenir et à s'enthousiasmer, morceau charmant qu'elle m'avoit adressé et dont j'ai eu le scrupule de ne point garder de copie. Elle avoit aussi commencé des *Mémoires* de sa vie, ou plutôt de sa passion pour Gonsalve : car ils ne commençoient qu'à cette époque, comme si sa vie n'eût daté à ses yeux que du moment où elle l'avoit connu. Enfin, ce qu'il faut regretter pardessus tout, parce que cela eût formé la collection la plus immense, la plus variée, la plus précieuse, ce sont ses lettres. Elles avoient un caractère, une touche, un style qui n'avoient point de modèle, et qui, je crois, n'auront point d'imitateurs. Ce n'étoit ni le genre de madame de Sévigné, ni celui de madame de Maintenon : c'étoit le sien, et, à mon avis, il étoit bien au-dessus. Ses lettres étoient plus pleines, plus variées, plus fortes de pensées, plus tirées de son propre fonds :

car elle ne vivoit pas, comme ces deux femmes, de ce qui se passoit à la cour et en Europe ; elles étoient surtout plus animées. Ah ! c'est par là que cette créature céleste ne peut être comparée à aucune autre femme. Ses lettres avoient le mouvement et la chaleur de la conversation ; elles trompoient sur son absence, elles la remplaçoient presque au moment où on les recevoit. J'ai fait le tour de l'Europe, et ses lettres me suivoient, me consoloient, me soutenoient. Hélas ! maintenant je les espérerai, je les attendrai vainement ! Ce ne sont point les mers, ce n'est ni le temps ni l'espace qui nous séparent : c'est ce qui ne peut ni se voir ni se mesurer, c'est l'abîme inconnu et éternel.

Je n'ai encore considéré Éliza que sous les différens rapports de son esprit ; mais qu'étoit son esprit auprès de son caractère et de son âme ? Comment assez louer toutes ses vertus, son élévation, sa générosité, son désintéressement, sa bienfaisance, son amour pour les malheureux? Chacune de ces vertus lui étoit naturelle et familière. Elle les pratiquoit comme on marche, comme on respire, et elle n'en retiroit point de vanité; il n'en rejaillissoit dans sa conversation ni prétention ni sévérité. C'est qu'on n'affiche jamais la morale des vertus qu'on exerce par sentiment ou par caractère; il n'y a que celles qui sont factices qui ont besoin de se répandre au dehors.

Mais, pour peindre les vertus d'Éliza, il ne suffit pas de les citer : chacune d'elles étoit accompagnée de circonstances qui en relevoient le mérite et le charme. Les mêmes vertus, dans d'autres personnes, ne produisoient pas le même effet. Son âme étoit forte et élevée; tout ce qui étoit vil et bas, ou seulement petit et foible, excitoit son mépris et son indignation; elle se seroit même souvent laissée aller à se prononcer avec force si l'indulgence et l'aménité d'esprit qui lui étoient naturelles n'eussent tempéré son premier mouvement. Par cette grande élévation d'âme et de caractère, elle s'étoit en quelque sorte remise dans le rang où sa naissance l'auroit placée si elle eût été reconnue; le silence qu'elle gardoit sur son sort y ajoutoit encore de l'intérêt; enfin la position délicate où elle étoit ne nuisit jamais ni à son maintien ni à sa considération. Elle voyoit beaucoup de femmes, et des femmes d'un haut rang, et elle avoit avec elles cette noble aisance qui, en accompagnant le respect, oblige à un retour d'égards la personne qui le reçoit. Elle rendoit à leur état ce qu'elle eût au besoin refusé à leur orgueil; mais on n'étoit jamais tenté de se laisser aller à ce sentiment auprès d'elle. On sentoit qu'elle avoit d'autres avantages qui la remettoient plus que de niveau, et, ces avantages, elle ne les faisoit jamais sentir elle-même : ils étoient enveloppés de manières si douces, si aimables, si simples, qu'en captivant le mérite ils ne blessoient jamais la prétention ni même la médiocrité.

Oh ! combien cette fierté d'âme et de caractère éclata dans le mépris constant qu'elle eut pour la richesse et pour les moyens de l'acquérir ! Elle avoit une fortune plus que médiocre ; elle étoit entourée d'amis puissans et qui auroient pu la servir à cet égard sans blesser sa délicatesse : elle ne les en sollicita jamais et les refusa souvent. Un jour, je m'entretenois avec elle sur cet objet, et je lui reprochois d'avoir rejeté une offre de service qui venoit de lui être faite. « Quoi ! lui disois-je, si Gonsalve vous eût fait cette offre, vous l'eussiez refusée ? — Oui, me répondit-elle, Gonsalve plus que personne. » Et comme je m'écriois : « Écoutez, me dit-elle, mon ami, je veux, une fois pour toutes, vous exposer mes principes. Vous pourrez me condamner, mais vous ne m'en ferez pas changer. » Et elle m'écrivit le lendemain la lettre suivante :

Oui, j'aurois refusé ce genre de service s'il

m'eût été offert même par Gonsalve, et c'est le
seul que je n'eusse pas accepté de lui avec
transport. Je sais tout ce que peuvent objecter
contre cette délicatesse la philosophie et le sentiment; mais ce sont nos détestables institutions,
c'est la corruption de la société, qui me forcent
à penser ainsi. Environnée d'autres mœurs et
d'autres préjugés que les nôtres, je ne me ferois pas plus de scrupule de m'appuyer du
crédit et de la richesse de Gonsalve que de
son courage, de ses conseils et de tous les
autres services qu'il pourroit me rendre; mais
dans un siècle et dans un pays où l'argent est
devenu le mobile de toutes les actions, où l'on
peut avec lui corrompre tous les cœurs et
acheter tous les sentimens, jamais un vil calcul
d'intérêt ne souillera ma liaison avec ce que
j'aime. Eh! qu'auroit pu penser de moi Gonsalve s'il m'avoit vue un moment ressembler à
tant d'autres femmes? Qui est-ce qui lui auroit alors garanti la pureté de mon sentiment?
L'estime est une fleur si délicate! La plus légère

altération la flétrit. Ah! songez quel malheur c'eût été pour moi de descendre dans l'opinion de Gonsalve! Je préférois la place que j'y occupois au premier trône du monde.

A l'égard de mes amis, je vous avoue que j'ai toujours regardé l'égalité comme la première condition pour rendre l'amitié durable. Or il n'en existe plus dès le moment que l'un est devenu le bienfaiteur et l'autre l'obligé. Ressouvenez-vous que je ne parle que d'un genre de bienfaits, car leurs soins, leurs conseils, leurs sentimens, je les reçois, parce que je puis les leur rendre, et que dès lors il y a réciprocité, et par conséquent égalité entre eux et moi. Mais comment leur rendrois-je ce qu'ils feroient pour augmenter ma fortune? Je serois tout le reste de ma vie mal à mon aise avec eux. Où agiroit mon penchant, je craindrois qu'ils ne vissent plus que ma reconnoissance. Enfin, c'est le secret du cœur humain que je vais vous dire; mais soyez sûr que, sans s'en rendre compte à eux-mémes, sans s'en apercevoir, ils m'aimeroient peut-être moins, et, pour moi, j'avoue que je me sentirois opprimée de l'espèce d'ascendant que je leur aurois donné sur moi.

Si telle a été ma façon de penser envers ce que j'ai le plus aimé au monde et envers mes amis, vous jugez combien mon âme seroit révoltée de l'idée de solliciter ou seulement d'accepter les services de ceux qui, n'étant point mes amis, m'obligeroient par sottise, par air, ou, je le veux même, par bienfaisance. Mais, pour ne point m'écarter de mes principes, pour ne me trouver jamais froissée entre la nécessité et les principes que je me suis faits, je me suis assujettie à l'ordre et à l'économie. Moi qui avois été élevée dans l'habitude de la prodigalité ; moi qui depuis, ayant toujours vécu chez les autres, n'ai jamais connu le prix de rien ; moi qui, par philosophie, suis portée à regarder l'or comme la poussière que je foule aux pieds, et, par bienfaisance, toujours prête à le répandre, je me suis asservie à compter sans cesse. Je parviens à atteindre la fin de l'année sans embarras et sans dettes : de là mes amis ne m'entendent jamais leur parler de ma fortune ; jamais même il ne m'échappe devant eux une plainte ni un vœu, espèce de manière indirecte par laquelle on sollicite souvent des services qu'on ne veut pas réclamer en face. Ils me voient sur cela dans une telle sécurité, dans un tel dégagement d'esprit, qu'ils ont dû oublier que ma fortune est très médiocre, et c'est ce que je veux. Enfin, soit que ma délicatesse m'attache à ma pauvreté, soit qu'occupée de sentimens actifs, les jouissances de la richesse ne soient rien pour moi, soit aussi que, sentant ma vie s'éteindre, je n'aie point à penser à l'avenir, je vous proteste qu'il ne m'est pas échappé une seule fois le souhait de voir changer ma fortune.

Ainsi m'écrivoit Éliza, et ce n'étoit point un étalage de vaines maximes : sa conduite ne les a jamais démenties. Je dois seulement ajouter que son économie étoit si adroite qu'on ne la sentoit pas. Elle étoit toujours mise uniment, mais avec goût; tout ce qu'elle portoit étoit frais et bien assorti. Elle donnoit l'idée de la richesse qui par choix se seroit vouée à la simplicité. Mais où son âme et sa générosité faisoient encore bien plus d'illusion sur sa fortune, c'étoit quand elle rencontroit l'humanité misérable et souffrante : jamais un pauvre ne l'aborda sans en recevoir quelques secours. « Ah ! si j'étois le lord Clive ! » disoit-elle souvent en entendant parler de malheureux qu'elle ne pouvoit soulager.

Tous les genres de malheur avoient des droits sur l'âme d'Éliza. A la manière dont elle plaignoit ceux qui les éprouvoient, on eût cru qu'elle en avoit souffert elle-même. Je l'ai vue souvent malade, accablée, succombant sous le poids de son propre malheur; et, dans cet état, elle se ranimoit et retrouvoit des forces pour sentir et partager celui des autres. Et cet amour des malheureux n'étoit point en elle une vertu seulement : c'étoit une passion. Voici ce qu'elle m'écrivoit à ce sujet, il y a six mois, dans une lettre que je viens de retrouver et de baigner de mes larmes :

J'ai fait partir ce matin un paquet pour vous. Vous me croirez folle en y trouvant, entre autres, la GAZETTE DE FRANCE; *mais c'est qu'il y a un article qui vous fera du bien (c'étoit l'annonce de l'édit des corvées). Comment ne pas se trouver soulagé en voyant que tant de malheureux vont l'être? Il n'y a plus que ce genre d'intérêt qui aille jusqu'à mon cœur. Le malheur, ah! que ce mot a d'empire sur moi! Je crois vous avoir dit que j'ai été aux Invalides, ces jours passés, avec madame la d. de Ch... J'en sortis navrée. Je ne faisois pas un pas que je ne visse le spectacle le plus douloureux : des aveugles, des gens mutilés, des plaies effrayantes, des membres brisés!* « *Ah! mon Dieu! disois-je, tout ce qui respire ici souffre,* et ce n'est pas là des maux d'imagination ; ce ne sont pas des gens qui s'aiment et qui se tourmentent en s'aimant ; ce n'est pas la privation des lettres, ce ne sont pas même les regrets d'avoir perdu ce qui leur étoit le plus cher : ce sont des maux physiques qui soumettent également tous les hommes. » Et puis je me disois : « Cependant je suis encore plus malheureuse que tout ce que je vois, car je pourrois plaindre, consoler, soulager ces malheureux, à force de soins, de secours, d'argent ; et eux ne peuvent rien pour moi ; ils ne savent pas même la langue des maux que je souffre ; et tout ce qu'il y a de bonheur et de genres de bonheur sur la terre, quand ils me seroient offerts, ne pourroient pas davantage pour moi ! »

O Éliza, Éliza ! que cette esquisse de toi est foible et imparfaite encore ! Étoit-il quelque sentiment exquis, quelque rare vertu qui honorent l'humanité, qui ne fussent pas dans ton cœur ! Si je fais jamais quelque chose de

bon, d'honnête ; si j'atteins à quelque chose
de grand, ce sera parce que ton souvenir per-
fectionnera et enflammera encore mon âme.
O vous tous qui fûtes ses amis, et que je
crois par là avoir le droit d'appeler les miens,
adressons tous à ses mânes la même invoca-
tion ! Au nom d'Éliza, soyons amis, soyons
chers les uns aux autres ; faisons, en présence
de sa mémoire, le bien que nous eussions
voulu faire devant elle ; que du haut du Ciel,
où son âme est sans doute remontée, elle le
voie et y applaudisse ; que les hommes disent
alors, en nous distinguant : *Il fut l'ami d'Éliza*,
et que cet éloge soit gravé sur nos tombeaux.

Mais je parle de tombeau, et c'est au sien
qu'il faut penser ! Ah ! laissons sa dépouille
mortelle se consommer dans le caveau d'un
temple. Ce n'est pas là qu'il lui faut un monument ; ce n'est pas là que son ombre se
plairoit à errer. Bords de la Savonnière, cam-
pagne de Vaucluse, lieux où les âmes de la
belle Laure et de la sensible La Suze res-

pirent encore, si vous n'étiez pas si loin de nous! Ah! choisissons du moins quelque bocage solitaire au milieu duquel un ruisseau, coulant doucement à travers les cailloux, murmure sans cesse des accens plaintifs. Venez! nous y élèverons un monument simple comme elle, une colonne de marbre dont le fût sera brisé à hauteur d'appui, et sur laquelle des cyprès croiseront leurs tristes rameaux... Mais non, c'est le tombeau du méchant qu'il faut ainsi placer loin de la vue des hommes. Cherchons plutôt, dans le voisinage de quelque chemin fréquenté, une petite colline que nous planterons d'arbustes, et au bas de laquelle jaillira une source limpide; qu'un sentier toujours vert y conduise; que le voyageur fatigué, y trouvant de l'ombre et de l'eau, s'y arrête avec délices et bénisse ses mânes encore bienfaisans après elle; que, dans le cours de notre vie, on y rencontre toujours quelqu'un de nous, et qu'on y trouve le marbre récemment mouillé

de nos larmes ; enfin, que le dernier d'entre
nous qui survivra, chargé du dépôt de toutes
nos douleurs, le transmette aux générations
suivantes en faisant graver sur son tombeau
cette épitaphe :

> A la mémoire
> De CLAIRE-FRANÇOISE DE LESPINASSE,
> Enlevée, le 23 mai 1776,
> A ses amis, dont elle faisoit le bonheur ;
> A une société choisie, dont elle étoit le lien ;
> Aux lettres, qu'elle cultivoit sans prétention ;
> Aux malheureux, qu'elle n'approcha jamais sans
> les soulager.

Elle mourut à l'âge de 42 ans ; mais si penser, aimer et souffrir, est ce qui compose la vie, elle vécut
dans ce petit nombre d'années plusieurs siècles.

COMTE DE GUIBERT.

PORTRAIT

DE

MADEMOISELLE DE LESPINASSE

ADRESSÉ A ELLE-MÊME EN 1771

LE temps et l'habitude, qui dénaturent tout, Mademoiselle, qui détruisent nos opinions et nos illusions, qui anéantissent ou affoiblissent l'amour même, ne peuvent rien sur le sentiment que j'ai pour vous et que vous m'avez inspiré depuis dix-sept ans : ce sentiment se fortifie de plus en plus par la connoissance que j'ai

des qualités aimables et solides qui forment
votre caractère ; il me fait sentir en ce moment le plaisir de m'occuper de vous en
vous peignant telle que je vous vois.

Vous ne voulez pas, dites-vous, que je me
borne à faire la moitié de votre portrait en
ne composant qu'un panégyrique ; vous y
voudriez des ombres, apparemment pour re-
lever la vérité du reste, et vous m'ordonnez
de vous entretenir de vos défauts, même, en
cas de besoin, de vos vices, si je vous en
connois quelques-uns. De vices, j'avoue que
je ne vous en sais point, et j'en suis presque
fâché, tant j'aurois envie de vous obéir ; de
défauts, je vous en connois quelques-uns, et
même d'assez déplaisans pour les gens qui
vous aiment. Trouvez-vous cette déclaration
assez grossière ? Je souhaiterois même que
vous eussiez d'autres défauts que ceux dont
j'ai à vous faire le reproche. Je voudrois en
vous de ces défauts qui rendent aimable, de
ceux qui sont l'effet des passions : car j'avoue

que j'aime les défauts de cette espèce ; mais, par malheur, ceux que j'ai à vous reprocher n'en sont pas, et prouvent peut-être (je ne vous dis cela qu'à l'oreille) qu'il n'y a guère de passion chez vous.

Je ne parlerai point de votre figure : vous n'y attachez aucune prétention, et d'ailleurs c'est un objet auquel un vieux et triste philosophe comme moi ne prend pas garde, auquel il ne se connoît, auquel même il se pique de ne se pas connoître, soit par ineptie, soit par vanité, comme il vous plaira. Je dirai cependant de votre extérieur ce qui me paroît frapper tout le monde, que vous avez beaucoup de noblesse et de grâces dans tout votre maintien, et, ce qui est bien préférable à une beauté froide, beaucoup de physionomie et d'âme dans tous vos traits. Aussi pourrois-je vous nommer plus d'un de vos amis qui auroient eu pour vous plus que de l'amitié, si vous l'aviez voulu.

Le goût qu'on a pour vous ne tient pas

seulement à vos agrémens extérieurs ; il tient
surtout à ceux de votre esprit et de votre caractère. Votre esprit plaît et doit plaire par
bien des qualités, par l'excellence de votre
ton, par la justesse de votre goût, par l'art
que vous avez de dire à chacun ce qui lui
convient.

L'excellence de votre ton ne seroit point
un éloge pour une personne née à la cour et
qui ne peut parler que la langue qu'elle a
apprise : en vous, c'est un mérite très réel et
même très rare ; vous l'avez apporté du fond
d'une province où vous n'aviez trouvé personne qui vous l'enseignât. Vous étiez sur ce
point aussi parfaite le lendemain de votre
arrivée à Paris que vous l'êtes aujourd'hui ;
vous vous y êtes trouvée, dès le premier
jour, aussi libre, aussi peu déplacée dans les
sociétés les plus brillantes et les plus diffi-
ciles, que si vous y aviez passé votre vie ;
vous en avez senti les usages avant de les
connoître, ce qui suppose une justesse et une

finesse de tact très peu communes, une connoissance exquise des convenances; en un mot, vous avez deviné le langage de ce qu'on appelle *bonne compagnie,* comme Pascal, dans ses *Provinciales,* avoit deviné la langue françoise, qui n'étoit pas formée de son temps, et le ton de la bonne plaisanterie, qu'il n'avoit pu apprendre de personne dans la retraite où il vivoit. Mais, comme vous sentez parfaitement que vous avez ce mérite, et même que ce n'est pas en vous un mérite ordinaire, vous avez peut-être le défaut d'y attacher trop de prix dans les autres. Il faut bien des qualités réelles pour vous faire pardonner à ceux qui ne l'ont pas, et sur cet objet assez peu important vous êtes impitoyable jusqu'à la minutie.

Oui, Mademoiselle, la seule chose sur laquelle vous soyez délicate, et délicate au point d'en être quelquefois odieuse (ici je suis comme madame Bertrand, dans la comédie du *Moulin de Javelle,* et « je vais d'abord aux invectives », parce qu'il est question de défendre mes propres foyers), c'est votre excessive sensibilité sur ce qu'on nomme le *bon ton* dans les manières et dans les discours. Le défaut de cette qualité vous paroît à peine effacé par le sentiment le plus tendre et le plus vrai qu'on puisse vous marquer; mais, en récompense, il est des hommes en qui cette qualité supplée auprès de vous à toutes les autres : vous les trouvez tels qu'ils sont, foibles, personnels, pleins d'airs, incapables d'un sentiment profond et suivi, mais aimables et pleins de grâces, et vous avez la plus grande disposition à les préférer à vos plus fidèles, à vos plus sincères amis. Avec un peu plus de soins et d'attention pour vous, ils éclipseroient tout à vos yeux, et peut-être vous tiendroient lieu de tout.

La même justesse de goût qui vous donne un si grand usage du monde se montre assez généralement dans les jugemens que vous portez sur les ouvrages. Vous ne vous y trompez guère, et vous vous y tromperiez encore moins si vous vouliez toujours *être* réellement *de votre opinion* et ne point juger d'après certaines personnes aux genoux desquelles votre esprit a la bonté de se prosterner, quoiqu'elles n'aient pas, à beaucoup près, le don d'être infaillibles. Vous leur faites quelquefois l'honneur d'attendre leur avis pour en avoir un qui ne vaut pas celui que vous auriez eu de vous-même.

Vous avez encore un autre défaut : c'est de vous prévenir, et, comme on dit, de vous *engouer* à l'excès en faveur de certains ouvrages. Vous jugez avec assez de *justice* et de *justesse* tous les livres où il n'y a qu'un degré médiocre de sentiment et de chaleur; mais, quand ces deux qualités dominent dans certains endroits d'un ouvrage, toutes les taches, même considérables, qu'il peut avoir, disparoissent pour vous : il est *parfait* à vos yeux, et il vous faut du temps et un sens plus rassis pour le juger tel qu'il est. J'ajou-

terai cependant, pour vous consoler de cette
censure, que tout ce qui appartient au sentiment est un objet sur. lequel vous ne vous
trompez jamais et qu'on peut appeler votre
domaine.

Mais ce qui vous distingue surtout dans la
société, c'est l'art de dire à chacun ce qui lui
convient; et cet art, quoique peu commun,
est pourtant bien simple chez vous : il con-
siste à ne parler jamais de vous aux autres,
et beaucoup d'eux. C'est un moyen infaillible
de plaire : aussi plaisez-vous généralement,
quoiqu'il s'en faille beaucoup que tout le
monde vous plaise; vous savez même ne pas
déplaire aux personnes qui vous sont le
moins agréables. Ce désir de plaire à tout le
monde vous a fait dire un mot qui pourroit
donner mauvaise opinion de vous à ceux qui
ne vous connoîtroient pas à fond. « Ah! que
je voudrois, vous êtes-vous écriée un jour,
connoître le foible de chacun ! » Ce trait sem-
bleroit partir d'une profonde politique, et

d'une politique même qui avoisine la fausseté; cependant vous n'avez nulle fausseté :
toute votre politique se réduit à désirer qu'on
vous trouve aimable, et vous le désirez, non
par un principe de vanité dont vous n'êtes
que trop éloignée, mais par l'envie et le
besoin de répandre plus d'agrémens dans
votre vie journalière.

Si vous plaisez généralement à tout le
monde, vous plaisez surtout aux gens aimables, et vous leur plaisez par l'effet qu'ils
font sur vous, par l'espèce de jouissance
qu'éprouve leur amour en voyant à quel
point vous sentez leurs agrémens; vous avez
l'air de leur être obligée de ces agrémens,
comme s'ils n'étoient que pour vous, et vous
doublez, pour ainsi dire, le plaisir qu'ils ont
de se trouver aimables.

La finesse de goût, qui se joint en vous au
désir continuel de plaire, fait que, d'un côté,
il n'y a jamais rien en vous de *recherché*, et
que, de l'autre, il n'y a jamais rien de *négligé* :

aussi peut-on dire de vous que vous êtes très *naturelle* et nullement *simple*.

Discrète, prudente et réservée, vous possédez l'art de vous contraindre sans effort et de cacher vos sentimens sans les dissimuler. Vraie et franche avec ceux que vous estimez, l'expérience vous a rendue défiante avec tout le reste ; mais cette disposition, qui est un vice quand on commence à vivre, est une qualité précieuse pour peu qu'on ait vécu.

Cependant cette attention, cette circonspection dans la société, qui vous sont ordinaires, n'empêchent pas que vous ne soyez quelquefois inconsidérée. Il vous est arrivé, à la vérité bien rarement, de laisser échapper en présence de certaines personnes des discours qui vous ont beaucoup nui auprès d'elles : c'est que vous êtes franche par nature, et discrète seulement par réflexion, et que la nature s'échappe quelquefois, malgré nos efforts.

Les différens contrastes qu'offrent votre ca-

ractère, de naturel sans simplicité, de réserve
et d'imprudence, contrastes qui viennent en
vous du combat de l'art et de la nature, ne
sont pas les seuls qui existent dans votre manière d'être, et toujours par la même cause.
Vous êtes à la fois gaie et mélancolique,
mais gaie par votre naturel, et mélancolique
encore par réflexion : vos accès de mélancolie sont l'effet des différens malheurs que
vous avez éprouvés ; votre disposition phy-
sique ou morale du moment les fait naître ;
vous vous y livrez avec une satisfaction dou-
loureuse et en même temps si profonde que
vous souffrez avec peine qu'on vous arrache
de la mélancolie par la gaieté, et qu'au contraire vous retombez avec une sorte de plaisir de la gaieté dans la mélancolie.

Quoique vous ne soyez pas toujours mélancolique, vous êtes sans cesse pénétrée d'un
sentiment plus triste encore : c'est le dégoût
de la vie. Ce dégoût vous quitte si peu que,
si même dans un moment de gaieté on vous

proposoit de mourir, vous y consentiriez sans peine. Ce sentiment continu tient à l'impression vive et profonde que vos chagrins vous ont laissée; vos affections mêmes et l'espèce de passion que vous y mettez ne le détruisent pas : on voit que la douleur, si je puis parler de la sorte, vous a *nourrie,* et que les affections ne font que vous consoler.

Ce n'est pas seulement par vos agrémens et par votre esprit que vous plaisez généralement : c'est encore par votre caractère. Quoique vous sentiez très bien les ridicules, personne n'est plus éloigné que vous d'en donner; vous abhorrez la méchanceté et la satire; vous ne haïssez personne, si ce n'est peut-être une seule femme, qui, à la vérité, a bien fait tout ce qu'il falloit pour être haïe de vous : encore votre haine pour elle n'est-elle pas active, quoique la sienne, à votre égard, le soit jusqu'au ridicule et jusqu'à un excès qui rend cette femme très malheureuse.

Vous avez une autre qualité très rare, et surtout dans une femme : vous n'êtes nullement envieuse ; vous rendez justice, avec la satisfaction la plus vraie, aux agrémens et aux bonnes qualités de toutes les femmes que vous connoissez ; vous la rendez même à votre ennemie dans ce qu'elle peut avoir soit de bon et d'estimable, soit d'agréable et de piquant.

Cependant (car il ne faut pas vous flatter, même en disant du bien de vous) cette bonne qualité, toute rare qu'elle est, est peut-être moins louable en vous qu'elle ne le seroit en beaucoup d'autres. Si vous n'êtes point envieuse, ce n'est pas précisément parce que vous trouvez bon que d'autres personnes aient sur vous les mêmes avantages : c'est qu'après avoir bien regardé autour de vous tous les êtres existans vous paroissent également à plaindre, et qu'il n'y en a aucun dont vous voulussiez changer la situation contre la vôtre. S'il y avoit ou si vous con-

noissiez un être souverainement heureux,
vous seriez peut-être très capable de lui por-
ter envie, et on vous a souvent ouï dire qu'il
étoit juste que les personnes qui ont de
grands avantages eussent de grands malheurs, pour consoler ceux qui seroient tentés
d'en être jaloux. Ne croyez pas cependant
que votre peu de jalousie cesse d'être une
vertu, quoique le principe n'en soit point
aussi pur qu'il pourroit l'être : car combien y
a-t-il de gens qui ne croient pas que personne soit heureux, qui ne voudroient être à
la place de personne, et qui ne laissent pas
d'être jaloux ?

Votre éloignement pour la méchanceté et
l'envie suppose en vous une âme noble :
aussi la vôtre l'est-elle à tous égards. Quoique
vous désiriez la fortune et que vous en ayez
besoin, vous êtes incapable de vous donner
aucun mouvement pour vous la procurer ;
vous n'avez pas même su profiter des occa-
sions les plus favorables que vous avez eues

pour vous faire un sort plus heureux. Non
seulement vous avez l'âme très élevée, vous
l'avez encore très sensible; mais cette sensibilité est pour vous un tourment plutôt qu'un
plaisir. Vous êtes persuadée qu'on ne peut
être heureux que par les passions, et vous
connoissez trop le danger des passions pour
vous y livrer. Vous n'aimez donc qu'autant
que vous l'osez, mais vous aimez tout ce
que vous pouvez ou tant que vous le pouvez.
Vous donnez à vos amis, sur cette sensibilité
qui vous surcharge, tout ce que vous pouvez
vous permettre; mais il vous en reste encore
une surabondance dont vous ne savez que
faire, et que pour ainsi dire vous jetteriez
à tous les passans. Cette surabondance de
sensibilité vous rend très compatissante pour
les malheureux, même pour ceux que vous
ne connoissez pas : rien ne vous coûte pour
les soulager. Avec cette disposition, il est
naturel que vous soyez très obligeante;
aussi ne peut-on vous faire plus de plaisir

que de vous en fournir l'occasion : c'est donner à la fois de l'aliment à votre bonté et à votre activité naturelle. J'ai dit que vous donniez à vos amis tous les sentimens que vous pouviez vous permettre ; vous leur accordez même quelquefois au delà de ce qu'ils seroient en droit d'exiger : vous les défendez avec courage, en toute circonstance et en tout état de cause, soit qu'ils aient tort ou raison. Ce n'est peut-être pas la meilleure manière de les servir ; mais tant de gens abandonnent leurs amis, lors même qu'ils pourroient et devroient les défendre, qu'on doit savoir gré à votre amitié de fuir et d'abhorrer cette lâcheté, même jusqu'à l'excès.

L'espèce de mouvement sourd et intestin qui agite sans cesse votre âme fait qu'elle n'est pas aussi égale qu'elle le paroît, même à vos amis. Vous avez souvent de l'humeur et de la sécheresse ; mais, par une suite de votre désir général de plaire, vous ne la laissez guère paroître qu'à l'auteur de ce portrait. Il est vrai que vous rendez justice à son amitié en ne craignant pas de vous laisser voir à lui telle que vous êtes; mais cette même amitié se croit obligée de vous dire que la sécheresse et l'humeur vous déparent beaucoup à tous égards. Ainsi, pour l'intérêt de votre amour-propre, l'amitié vous conseille d'avoir le moins de sécheresse et d'humeur que vous pourrez, à moins que vos amis ne le méritent, ce qui doit leur arriver bien rarement, grâce aux sentimens si profonds et si justes dont ils sont pénétrés pour vous.

Vous convenez de cette maudite sécheresse, et c'est bien fait à vous. Ce qu'il y auroit de mieux à faire, ce seroit de vous en corriger.

Pour vous en dispenser, vous cherchez à vous persuader qu'elle est incorrigible et qu'elle tient à votre caractère. Je crois que vous vous trompez là-dessus et qu'elle tient bien plutôt à la situation où vous êtes. Vous étiez née avec une âme tendre, douce et sensible ; vous ne l'avez que trop éprouvé, et les effets pour vous n'en ont été que trop cruels : or vous en direz tout ce qu'il vous plaira, mais la sensibilité extrême exclut la sécheresse. Ce vilain défaut n'est donc pas en vous l'ouvrage de la nature, mais, ce qui est *affreux*, l'ouvrage de l'art : à force d'être contrariée, choquée, blessée dans vos sentimens et dans vos goûts, vous vous êtes accoutumée à ne vous affecter de rien ; à force de réprimer les sentimens qui auroient pu faire votre malheur, vous avez amorti ceux qui auroient répandu de la douceur dans votre âme ; ils restent comme endormis au fond de votre cœur, sans mouvement, sans activité, et vous avez préparé bien du mal à vos amis en vous mettant à l'abri de celui que vos ennemis cherchoient à vous faire. En travaillant à vous rendre dure à vous-même, vous l'êtes devenue pour ceux

qui vous aiment. Il est vrai (car le sentiment
n'est point anéanti chez vous, il n'est qu'as-
soupi) que vous ne tardez pas à vous repentir
des chagrins que votre sécheresse a causés,
quand vous voyez que ces chagrins ont fait
une impression profonde; vous revenez alors
à votre sensibilité ancienne; un moment, un
mot répare tout. Dans les autres, le premier
mouvement est l'effet de la nature; le second
est celui de la réflexion. Chez vous, c'est
tout le contraire, et tel est dans votre âme,
d'ailleurs si estimable, le cruel et malheureux
effet de l'habitude.

Ce qui prouve encore que cette sécheresse
n'est point naturelle en vous, c'est un autre
défaut que je vous ai reproché, et qui est
presque l'opposé de celui-là : *le désir banal
de plaire à tout le monde.* Pour ce défaut-là,
vous le tenez beaucoup plus que l'autre de
la nature : elle vous a donné dans l'esprit les
qualités les plus faites pour plaire, de la noblesse, des agrémens et de la grâce; il est

tout simple que vous cherchiez à en tirer
parti, et vous n'y réussissez que trop bien.
Je ne connois personne, je le répète, qui
plaise aussi généralement que vous, et peu
de personnes qui y soient plus sensibles;
vous ne refusez pas même de faire les avances
quand on ne va pas au-devant de vous, et
sur ce point votre fierté est sacrifiée à votre
amour-propre. Assez sûre de conserver ceux
que vous avez acquis, vous êtes principale-
ment occupée à en acquérir d'autres; vous
n'êtes pas même, il faut en convenir, aussi
difficile sur le choix qu'il vous conviendroit
de l'être. La finesse et la justesse de votre
tact devroient vous rendre délicate sur le
genre et le choix des connoissances; l'envie
d'avoir une cour et ce qu'on appelle dans
le monde *des amis* vous a rendue d'assez
bonne composition, et les ennuyeux ne vous
déplaisent pas trop, pourvu que ces ennuyeux-
là vous soient dévoués.

Les noms, les titres, ne vous en imposent

pas : vous voyez les grands comme il faut les voir, sans bassesse et sans dédain. L'infortune vous a donné cet orgueil respectable qu'elle inspire toujours à ceux qui ne la méritent pas. Votre peu d'aisance et la triste connoissance que vous avez acquise des hommes vous font redouter les bienfaits, dont le joug est si souvent à craindre pour les âmes bien nées ; peut-être même êtes-vous portée à pousser ce sentiment jusqu'à l'excès ; mais, en ce genre, l'excès même est une vertu.

Votre courage est au-dessus de votre force : l'indigence, la mauvaise santé, les malheurs de toute espèce, exercent votre patience sans l'abattre. Cette patience intéressante et le spectacle de ce que vous avez souffert devoient vous faire des amis et vous en ont fait ; vous avez trouvé quelque consolation dans leur attachement et dans leur estime.

Voilà, Mademoiselle, ce que vous me paroissez être. Vous n'êtes pas parfaite, sans doute, et c'est, en vérité, tant mieux pour vous : car le *parfait Grandisson* m'a toujours paru un odieux personnage. Je ne sais si je vous vois bien; mais, telle que je vous vois, personne ne me paroît plus digne d'éprouver par soi-même et de faire éprouver aux autres ce qui seul peut adoucir les maux de la vie : les douceurs du sentiment et de la confiance.

En finissant ce portrait, je ne puis pas ajouter, comme dans la chanson :

> Le prieur qui l'a fait
> En est très satisfait [1] ;

mais je sens que je vous applique, et de tout

---

1. Le chevalier d'Orléans, grand prieur de France, avoit fait contre quelqu'un une chanson très satirique, et, ne voulant pas garder l'anonyme, avoit terminé la chanson par ces deux vers. Ce trait rappelle celui du médecin Sylva, devant lequel on chantoit une autre chanson, très plaisante et très mordante, contre un ministre insolent. « Je voudrois bien savoir, dit quelqu'un, quel est l'auteur de cette chanson ; j'irois l'embrasser de bien bon cœur... — Rien n'est plus aisé à deviner, dit Sylva : c'est Rigaud. » On sait que Rigaud étoit un célèbre peintre de portraits.

mon cœur, le vers de Dufresny sur la jeunesse :

Que de défauts elle a,
Cette jeunesse !... On l'aime avec ces défauts-là.

SUR LA TOMBE

MADEMOISELLE DE LESPINASSE

E reviens encore à vous, et j'y reviens pour la dernière fois et pour ne vous plus quitter, ô ma chère et malheureuse Julie! vous qui ne m'aimiez plus, il est vrai, quand vous avez été délivrée du fardeau de la vie; mais vous qui m'avez aimé, par qui du moins j'ai cru l'être; vous à qui je dois quelques instants de bonheur ou d'illusion; vous enfin qui par les anciennes expressions de votre tendresse, dont la mémoire m'est si douce encore, mé-

ritez plus la reconnoissance de mon cœur
que tout ce qui respire autour de moi, car
vous m'avez du moins aimé quelques instants,
et personne ne m'aime ni ne m'aimera plus !
Hélas ! pourquoi faut-il que vous ne soyez
plus que poussière et que cendre ! Laissez-moi
croire du moins que cette cendre, toute
froide qu'elle est, est moins insensible à mes
larmes que tous les cœurs glacés qui m'envi-
ronnent. Ah ! que ne pouvez-vous m'entendre
encore et voir, comme vous l'avez vu tant
de fois, votre sein baigné de mes pleurs ! Vous
saviez si bien aimer ! votre cœur en avoit tant
de besoin ! Le mien partage ce besoin, hélas !
plus vivement que jamais, avec tant de force
et de tendresse, que les accens de ma douleur pénétreroient votre âme et la ramèneroient
à la mienne ! Mais vous ne m'entendez plus,
et tout ce qui vit est encore plus sourd que
vous à ma voix plaintive et mourante ! Je
pleure, je me consume, j'appelle en vain à
moi tout ce qui dans l'univers sait aimer...

Hélas ! personne ne me répond, et mon âme, resserrée et comme anéantie au centre d'un vide immense et affreux, voit s'éloigner d'elle tout ce qui sent et qui respire. Il me semble que toutes les femmes à qui je pourrois ouvrir cette âme, offrir ce cœur et demander quelque retour, me répondroient comme on fait aux mendians importuns, ou me diroient tout au plus avec une pitié cruelle : « Vous venez trop tard ! » Deux ou trois, il est vrai, ont donné des larmes à mon malheur, et par quelques momens d'intérêt que je leur ai fait éprouver, intérêt à la vérité bien stérile pour moi, mais toujours doux pour un cœur oppressé, m'auroient fait croire un instant qu'elles auroient pu me tenir lieu de vous, s'il étoit sur la terre un être qui pût vous remplacer pour moi ! Mais, hélas ! elles ne veulent ou ne peuvent m'offrir qu'un sentiment froid et vulgaire, une amitié qui suffiroit peut-être au bonheur d'un autre, mais qui ne feroit que tourmenter et affamer mon âme active et dévorante! Ignoroient-elles, pour leur bonheur ou pour leur malheur, que l'amour, comme le dit l'Écriture, est fort comme la mort? que ce sentiment doux et terrible repousse tout ce qui n'est pas lui, et plus encore tout ce qui voudroit en tenir la place? que dans un cœur qui en est aussi pénétré que le mien, même lorsqu'il n'a plus d'objet, la simple amitié est une affection bien languissante, et que celle qu'on lui offre est presque un outrage? Ah! le véritable amour est sans doute bien caractérisé par ce vers charmant du Tasse :

Brama assai, poco spera, e nulla chiede.

Désire, aie peu d'espoir, et ne demande rien.

Mais moins il espère, moins il demande, plus il s'offense et s'afflige quand on lui offre autre chose que ce qu'il désire et qu'il n'a plus. Que dis-je, et de quoi puis-je me plaindre? Ces créatures douces, honnêtes et sensibles à qui je raconte mes peines, et qui veulent bien

les entendre et les sentir, me donnent tout
ce qu'elles peuvent me donner, et plus encore que je n'ai mérité d'elles. Si j'étois
assez heureux pour qu'elles éprouvassent à
mon égard ce sentiment qui feroit mon bonheur, pourquoi se refuseroient-elles au plaisir
si doux de me le montrer, à celui de prononcer ces mots célestes : « Je vous aime »,
les seuls qu'aujourd'hui je désire d'entendre
dans la nature devenue sourde et muette
pour moi? Quelle différence de ce plaisir
divin au petit manège de la coquetterie et
aux froids ménagemens de la réserve, si in-
dignes d'un cœur fait pour aimer! Ah! Ciel!
quelle douceur une âme aimante eût répan-
due sur des jours qui ne vont plus être rem-
plis que d'amertume! Avec quelle tendresse,
quel abandon, quel respect, quelle délicatesse elle auroit été aimée!... Mais où m'égare
une vaine illusion? Ah! si aucune créature
ne prononce pour moi ces mots : « Je vous
aime », c'est qu'aucune ne les sent pour moi.

Eh! malheureux que je suis! pourquoi les sentiroit-elle? De quel droit, à quel titre oserois-je l'exiger ou l'espérer? Je ne saurois trop me redire ces mots de la romance d'Aspasie, que je relis tous les jours :

> Si réclamez sa douce fantaisie,
> Elle dira : « Que ne l'inspirez-vous ? »

Et, ce qui rendra mon malheur éternel, je n'espère plus retrouver dans aucun autre cœur ce que j'avois obtenu quelques momens du vôtre. La cruelle destinée qui me poursuit dès ma naissance, cette destinée affreuse qui m'a ôté jusqu'à l'amour de ma mère, qui m'a envié cette douceur dès mes premières années, me ravit encore la consolation des dernières. O nature! ô destinée! je me soumets à ce fatal arrêt de mon sort, comme une innocente et malheureuse victime; je vois, avec Horace, la fatalité enfoncer ses *clous de fer* sur ma tête infortunée; je me plonge, tête baissée, dans le malheur qui m'environne de toutes parts, et qui semble prêt à m'engloutir. Non seulement je n'espère plus le bonheur, je ne songe pas même à le rechercher ; je m'en ferois un reproche et presque un crime. Non, non, non, ma chère Julie, je ne veux, après vous, être aimé de personne ! Je me mépriserois d'en aimer une autre que vous ; je n'ai plus besoin d'aucun être vivant. Mon affliction profonde suffit à mon âme pour la pénétrer et la remplir, et, dans mon malheur, je rends encore quelques grâces à la nature, qui, en nous condamnant à vivre, nous a laissé deux précieuses ressources : la mort, pour finir les maux qui nous déchirent, et la mélancolie, pour nous faire supporter la vie dans les maux qui nous flétrissent. Douce et chère mélancolie, vous serez donc aujourd'hui mon seul bien, ma seule consolation, ma seule compagne ! Vous me ferez sentir bien douloureusement, mais bien vivement, ma cruelle existence ! vous me ferez presque chérir mon malheur ! Ah ! celui qui a dit que *le malheur étoit le grand maître de l'homme* a dit bien plus vrai qu'il n'a cru : il n'a vu dans le malheur qu'un maître de sagesse et de conduite ; il n'y a pas vu tout ce qu'il est, un plus grand maître de réflexions et de pensées. Oh ! combien une douleur profonde et pénétrante étend et agrandit l'âme ! combien elle fait naître d'idées et d'impressions qu'on n'auroit jamais eues sans elles, mais dont, à la vérité, on se seroit bien passé pour son bonheur ! combien elle embellit les objets du sentiment et anéantit tous les autres ! Toute la nature va se couvrir pour moi d'un crêpe funèbre ; mais elle ne me manquera pas, elle ne sera plus rien pour moi. En rentrant tous les jours dans ma triste et sombre retraite, si propre à l'état de mon cœur, je croirai voir écrites sur la porte les terribles paroles que le Dante a mises sur la porte de son Enfer : *Malheureux qui entrez ici, renoncez à l'espérance !* Je serai tout entier au sentiment de mon malheur, au souve-

nir de ce que la mort m'a fait perdre; ma
dernière pensée sera pour vous, ma chère
Julie, et tous les sentimens de ma vie vous
auront pour objet. Que ne puis-je, en ce moment, expirer sur ce tombeau que j'arrose de
mes larmes, et dire comme Jonathas : *J'ai
goûté un peu de miel, et je meurs!* O ma chère
et tendre amie! ô vous qui habitez à présent
ce séjour de la mort où mes désirs et mes
pleurs vous suivent! pardonnez-moi de troubler encore [de mes vains regrets votre éternelle et paisible demeure, et songez que si,
en ce moment, je verse des larmes, c'est au
moins sur votre tombe que je les répands!
Hélas! personne n'en versera sur la mienne,
et j'y descendrai bientôt après vous en
m'écriant avec Brutus, au moment où il se
donne la mort : *O vertu, nom stérile et vain,
à quoi m'as-tu servi durant les soixante années que j'ai traînées sur la terre, puisque tu
n'as pu me faire aimer que pendant quelques
instans de cette longue durée, dont la triste fin*

va me paroître si languissante et si vide ! Heureusement elle sera courte ! Je verrai bientôt disparoître devant moi l'espèce humaine, sans me plaindre d'elle, il est vrai (car elle a donné quelquefois à mon amour-propre des satisfactions qui l'auroient flatté si je n'avois pas eu un cœur), mais aussi sans la regretter, puisqu'en fermant les yeux je n'aurai pas même la triste douceur de pouvoir dire à personne : « Je ne vous verrai plus ; souvenez-vous quelquefois de moi. » Je pourrai du moins, dans le peu de jours qui me restent à vivre, au centre de la plus accablante solitude, répéter à chaque instant ces vers d'Oreste, qui paroissent faits pour moi comme pour lui :

> Gráce aux dieux, mon malheur passe mon espérance !
> Oui, je te loue, ó Ciel ! de ta persévérance...
> Tu m'as fait du malheur un modèle accompli :
> Eh bien ! je meurs content, et mon sort est rempli.

En vain je ferai des efforts pour m'étourdir et me distraire ; en vain j'essayerai différens

genres de travaux, d'études et de lectures :
ma tête, fatiguée et presque épuisée par
quarante ans de méditations profondes, est
aujourd'hui privée de cette ressource qui a
si souvent adouci mes peines; elle me laisse
tout entier à ma tristesse, et la nature,
anéantie pour moi, ne m'offre plus ni un
objet d'intérêt ni même un objet d'occupa-
tion. En vain je rassemble ou je vais chercher
quelques amis; en vain je prends le plus d'intérêt que je puis à leur conversation ; en vain
je tâche de me persuader que tout ce qui se
passe autour de moi me touche ou du moins
m'occupe; en vain je tâche de le faire croire
par la part apparente que j'y prends : ces
amis, qui ne voient que la superficie de mon
âme, me croient quelquefois soulagé et
peut-être consolé. Mais quand je ne les ai
plus autour de moi, quand, après les avoir
quittés, je me trouve seul dans l'univers,
privé pour jamais d'un premier objet d'attachement et de préférence, alors cette âme

affaissée retombe douloureusement sur elle-
même, et ne voit plus que le désert qui l'environne et le desséchement qui la flétrit ! Je
suis comme les aveugles, profondément tristes
quand ils sont seuls avec eux-mêmes, mais
que la société croit gais, parce que le moment où ils se trouvent avec les autres
hommes est le seul moment supportable dont
ils jouissent. J'ai beau lire les philosophes et
chercher à me soulager par cette froide et
muette conversation, j'éprouve, comme me
l'écrit un grand roi, que les maladies de l'âme
n'ont point d'autres remèdes que des pallia-
tifs, et je finis par me répéter tristement ce
que disent ces philosophes, que « le vrai sou-
lagement à nos peines, c'est l'espoir de n'avoir
plus qu'un moment à vivre et à souffrir ». Cette
pensée n'est pas consolante ; mais c'est un
moyen que la nature nous donne, comme le
dit encore si bien ce même roi, pour nous
détacher de cette vie que nous sommes obli-
gés de quitter. La philosophie, ma chère

Julie, par les ressources mêmes qu'elle nous offre, nous fait souvenir cruellement de ce qui nous manque, et, par l'effort même qu'elle fait pour nous consoler, nous avertit combien nous sommes malheureux. Elle s'est donné bien de la peine pour faire des traités de *la Vieillesse* et de *l'Amitié*, parce que la nature fait toute seule les traités de la jeunesse et de l'amour. Les maximes des sages, leurs consolations et leurs livres, me rappellent à tout moment le mot du solitaire qui disoit aux personnes dont il recevoit quelquefois la visite : « Vous voyez un homme presque aussi heureux que s'il étoit mort. » Je suis comme cette femme qui vouloit, en dépit d'elle-même, devenir dévote, ne pouvant plus être autre chose, et qui tâchoit en vain d'y parvenir. « Ils me font lire, disoit-elle, des livres de dévotion. Je m'en excède, je m'en bourre, et tout me reste sur l'estomac. » Voilà où j'en suis réduit, ma chère Julie. Les lettres que je reçois d'un grand roi, le baume qu'il veut bien essayer de mettre sur mes plaies, sa philosophie pleine de bonté, de sentiment et d'intérêt, tout cela, comme il l'avoue lui-même, est bien foible pour me guérir. Je me dis sans cesse, en lisant ces lettres et après les avoir lues : « Ce grand prince a raison », et je continue à m'affliger. Ma vanité n'est plus flattée, comme elle l'a été tant de fois, de l'amitié du plus grand monarque du siècle. Cette amitié ne me touchoit, ma chère Julie, que par l'intérêt que vous y preniez ; l'espèce d'éclat qu'elle répandoit sur moi m'étoit cher par le sentiment qui vous la faisoit partager, et j'éprouve, en gémissant, que ce vers tant répété n'est pas toujours vrai :

Avant l'amour l'amour-propre étoit né.

Et vous, ma chère madame Geoffrin, digne et respectable amie, qui êtes à présent étendue sur ce lit de mort dont peut-être vous ne sortirez jamais ; vous que toutes les âmes honnêtes pleureront, que tous les malheureux regretteront ; vous qui me manquerez encore plus qu'à eux, combien de fois ai-je désiré depuis huit jours, dans l'état d'affoiblissement où je vous voyois, d'être dans ce lit au lieu de vous, moi qui, en mourant, ne peux plus manquer à personne, moi qui serai oublié au moment où j'aurai disparu ! Mais, en souhaitant d'être à votre place, je sentois que je vous aimois trop pour vous souhaiter d'être à la mienne. Hélas ! il faut donc que je vous perde encore ! Je n'aurai plus ni vos consolations, ni vos bontés, ni vos conseils. Une fille aussi cruelle pour vous que pour moi, et qui sacrifie à sa dévotion politique la douceur que vous auriez pu goûter dans vos derniers momens, m'éloigne de ce lit de douleur où vous m'auriez vu tous les jours mêler mes larmes avec les vôtres ! Tout ce qui fait le bonheur de la vie va me manquer à la fois :

l'amour, l'amitié, la confiance, et il ne me restera que la vie pour me désoler ! Puisse-t-elle être terminée bientôt, et la mort me rejoindre à tout ce que j'ai perdu !

AUX MANES

D E

MADEMOISELLE DE LESPINASSE

22 JUILLET 1776

VOUS qui ne pouvez plus m'entendre, vous que j'ai si tendrement et si constamment aimée, vous dont j'ai cru être aimé quelques momens, vous que j'ai préférée à tout, vous qui m'auriez tenu lieu de tout si vous l'aviez voulu, hélas! s'il peut vous rester encore quelque sentiment dans ce séjour de la mort après lequel vous avez tant soupiré, et qui bientôt sera le mien, voyez mon malheur et

mes larmes, la solitude de mon âme, le vide
affreux que vous y avez fait et l'abandon
cruel où vous me laissez! Mais pourquoi
vous parler de la solitude où je me vois depuis que vous n'êtes plus? Ah! mon injuste
et cruelle amie, il n'a pas tenu à vous que
cette solitude accablante n'ait commencé
pour moi dans le temps où vous existiez encore. Pourquoi me répétiez-vous, dix mois
avant votre mort, que j'étois toujours ce que
vous chérissiez le plus, l'objet le plus nécessaire à votre bonheur, le seul qui vous atta-
chât à la vie, lorsque vous étiez à la veille de
me prouver si cruellement le contraire? Par
quel motif, que je ne puis ni comprendre ni
soupçonner, ce sentiment si doux pour moi,
que vous éprouviez peut-être encore dans le
dernier moment où vous m'en avez assuré,
s'est-il changé tout à coup en éloignement et
en aversion? Qu'avois-je fait pour vous déplaire? que ne vous plaigniez-vous à moi si
vous aviez à vous en plaindre? Vous auriez

vu le fond de mon cœur, de ce cœur qui n'a
jamais cessé d'être à vous, lors même que
vous en doutiez, que vous le rebutiez avec
tant de dureté et de sécheresse ; ou plutôt,
ma chère Julie (car je ne pouvois avoir de
tort avec vous), aviez-vous avec moi quelque
tort que j'ignorois, et que j'aurois eu tant de
douceur à vous pardonner si je l'avois su !
Vous avez dit à un de mes amis, qui vous
reprochoit la manière dont vous me traitiez
et dont vous vous accusiez vous-même, que
la cause de votre chagrin contre moi étoit de
ne pouvoir m'ouvrir votre âme et me faire
voir les plaies qui la déchiroient. Ah ! vous
saviez par expérience que je les avois fermées
plus d'une fois, de quelque nature qu'elles
fussent ; et, si vous aviez manqué à ma tendresse, vous m'avez ôté le plaisir si doux de
vous dire, comme Orosmane :

Ta grâce est dans mon cœur ; prononce, elle t'attend !

Mais pourquoi ai-je ignoré moi-même la

peine que vous éprouviez de ne pouvoir me parler de vos maux? pourquoi n'ai-je pas été au-devant de votre confiance et prévenu par toute la mienne l'épanchement où vous désiriez de vous abandonner avec moi? J'ai vingt fois été au moment de me jeter entre vos bras et de vous demander quel étoit mon crime; mais j'ai craint que vos bras ne repoussassent les miens, que j'aurois tendus vers vous. Votre contenance, vos discours, votre silence même, tout sembloit me défendre de vous approcher. Je me flattois quelquefois de vous rappeler par mes larmes; mais le triste état de votre machine souffrante et détruite me faisoit craindre même de vous attendrir. Pendant neuf mois j'ai cherché le moment de vous dire tout ce que je souffrois et tout ce que je sentois; mais pendant neuf mois je vous ai toujours trouvée trop foible pour résister à la triste peinture et aux tendres reproches que j'avois à vous faire. Le seul instant où j'aurois pu vous montrer à dé-

couvert mon âme abattue et consternée a
été l'instant funeste où, quelques heures
avant de mourir, vous m'avez demandé
ce pardon déchirant, dernier témoignage
de votre amour, et dont le souvenir cher
et cruel restera toujours au fond de mon
cœur. Mais vous n'aviez plus la force ni de
me parler ni de m'entendre; il a fallu,
comme Phèdre, me priver de mes pleurs, qui
auroient troublé vos derniers momens, et j'ai
perdu sans retour l'instant de ma vie qui
m'eût été le plus précieux : celui de vous
dire encore combien vous m'étiez chère,
combien je partageois vos maux, combien je
désirois de finir avec vous les miens! Je paye-
rois de tout ce qui me reste à vivre cet instant que je ne retrouverai plus, et qui, en
vous montrant toute la tendresse de mon
cœur, m'auroit peut-être rendu toute celle
du vôtre. Mais vous n'êtes plus! vous êtes
descendue dans le tombeau persuadée que
mes regrets ne vous y suivroient pas!... Ah!

si vous m'aviez seulement témoigné quelque
douleur de vous séparer de moi, avec quelles
délices je vous aurois suivie dans l'asile éternel que vous habitez! Mais je n'oserois pas
même demander à y être mis auprès de vous
quand la mort aura fermé mes yeux et tari
mes larmes : je craindrois que votre ombre
ne repoussât la mienne et ne prolongeât ma
douleur au delà de ma vie. Hélas! vous
m'avez tout ôté, et la douceur de vivre, et la
douceur même de mourir! Cruelle et malheureuse amie! il semble qu'en me chargeant de
l'exécution de vos dernières volontés, vous
ayez encore voulu ajouter à ma peine! Pourquoi les devoirs que cette exécution m'impo-
soit m'ont-ils appris ce que je ne devois point
savoir et ce que j'aurois désiré d'ignorer?
pourquoi ne m'avez-vous pas ordonné de
brûler, sans l'ouvrir, ce manuscrit funeste,
que j'ai cru pouvoir lire sans y trouver de
nouveaux sujets de douleur, et qui m'a appris
que depuis huit ans au moins je n'étois plus

le premier objet de votre cœur, malgré toute
l'assurance que vous m'en aviez si souvent
donnée? Qui peut me répondre, après cette
affligeante lecture, que, pendant les huit ou
dix autres années que je me suis cru tant aimé
de vous, vous n'avez pas encore trompé ma
tendresse? Hélas! n'ai-je pas eu sujet de le
croire, lorsque j'ai vu que dans cette multi-
tude immense de lettres que vous m'avez
chargé de brûler vous n'en aviez pas gardé
une seule des miennes? Par quel malheur
pour moi vous étoient-elles devenues si in-
différentes, malgré les expressions de sensibilité, d'abandon et de dévouement dont elles
étoient remplies? Pourquoi, dans ce testament dont vous m'avez fait le malheureux
exécuteur, avez-vous laissé à un autre ce qui
devoit m'être le plus cher, ces manuscrits qui
vous auroient rappelée sans cesse à moi et
où il y avoit tant de choses écrites de ma
main et de la vôtre? Qui avoit donc pu vous
refroidir à ce point pour l'infortuné à qui

vous disiez, il y a dix ans, que votre sentiment pour lui vous rendoit heureuse jusqu'à
être effrayée de votre bonheur? Vous vous
êtes plainte, je le sais, et plainte avec amertume, surtout dans les derniers mois de votre
vie, de ma bienfaisance pour la malheureuse
famille d'un domestique coupable; vous avez
laissé croire que ma compassion pour de
pauvres enfans innocens, que ce misérable
laissoit dans l'abandon et dans l'indigence,
tenoit à un principe moins louable que mon
invincible pitié pour les malheureux; vous
n'avez pas rougi de penser et peut-être de
dire que j'étois le père de ces créatures in-
fortunées; vous avez fait cette cruelle injure
à l'honnêteté de mon âme, dont vous avez vu
tant de preuves, et à celles de mes sentimens
pour vous, et vous avez supposé le motif le
plus vil à l'action peut-être la plus vertueuse
de ma vie! Mais pourquoi vous faire des reproches dont vous ne pouvez plus vous justi-
fier si vous ne les méritez pas? pourquoi

troubler vos cendres de mes regrets, que vous
ne pouvez plus soulager? Adieu, adieu pour
jamais, hélas! pour jamais, ma chère et infortunée Julie! Ces deux titres m'intéressent
bien plus que vos fautes à mon égard ne
peuvent m'offenser. Jouissez enfin, et, pour
mon malheur, jouissez sans moï de ce repos
que mon amour et mes soins n'ont pu vous
procurer pendant votre vie. Hélas! pourquoi
n'avez-vous pu ni aimer ni être aimée en
paix? Vous m'avez dit tant de fois et vous
m'avez encore avoué en soupirant, quelques
mois avant de mourir, que, de tous les sentimens que vous avez inspirés, le mien pour
vous et le vôtre pour moi étoient les seuls
qui ne vous eussent pas rendue malheureuse!
Pourquoi ce sentiment ne vous a-t-il pas
suffi? pourquoi a-t-il fallu que l'amour, fait
pour adoucir aux autres les maux de la vie,
fût le tourment et le désespoir de la vôtre?
pourquoi, lorsque je vous donnai mon por-

trait, il y a un an, avec ces vers si pleins de
tendresse :

> Et dites quelquefois, en voyant cette image :
> « De tous ceux que j'aimai, qui m'aima comme lui? »

pourquoi n'y avez-vous pas vu tout ce que
j'étois encore pour vous, tout ce que je vou-
lois être? pourquoi n'avez-vous trouvé dans
ces vers que de la bonté et ne les avez-vous
loués que par ce mot cruel? Mais, surtout,
pourquoi n'avez-vous cru trouver que dans
la mort le bonheur et la tranquillité? Hélas!
s'il reste encore quelque chose de vous,
puissiez-vous jouir de ce bonheur que votre
vie m'a fait goûter si peu, et que votre mort
m'a fait perdre pour jamais! Vous me faites
éprouver, ma chère Julie, que le plus grand
malheur n'est pas de pleurer ce qu'on aimoit,
mais de pleurer ce qui ne nous aimoit plus,
et ce que pourtant on ne peut plus retrouver.
Hélas! j'ai perdu avec vous seize ans de ma

vie... Qui remplira et consolera le peu d'années qui me restent? O vous, qui que vous soyez, qui pourriez sécher mes larmes, dans quel endroit de la terre êtes-vous? J'irois vous chercher au bout du monde. Ah! quelque part que vous existiez, entendez mes soupirs, voyez mon cœur, et venez à moi ou m'appelez à vous! Délivrez-moi de la situation accablante où je suis, de l'affreux abandon qui me fait dire, à chaque moment que je rentre dans ma triste demeure : « Personne ne m'attend et ne m'attendra plus! » Tout ce qui s'offre à moi ne sert qu'à me rendre ma solitude plus amère. Tout ce que je vois, tout ce que je rencontre, a un premier objet, un attachement qui occupe et remplit sa vie; et moi je n'en ai plus, je n'ose plus même en espérer! Il n'y a plus de place pour moi dans le cœur de personne! Ah! ma pauvre nourrice, vous qui avez eu tant de soin de mon enfance, qui m'avez mieux aimé que vos propres enfans; vous avec qui j'ai passé vingt-cinq années, les plus douces de ma vie; vous que j'ai quittée pour obéir à un sentiment plus tendre; vous que j'aurois dû ne quitter jamais; vous que j'ai perdue à quatre-vingt-douze ans, pourquo n'existez-vous plus? J'irois demeurer avec vous, j'irois fermer vos yeux ou mourir entre vos bras, et j'aurois, du moins encore pendant quelques momens, la consolation de penser qu'il est quelqu'un au monde qui me préfère à tout le reste. Et vous, ma chère et cruelle amie (car je ne puis m'empêcher de revenir toujours à vous, et mon sentiment m'entraîne au moment même où je crois que le vôtre me repousse), vous qui m'avez dédaigné après m'avoir aimé, qui avez cessé de sentir le prix de mon cœur, qui peut-être, hélas! ne l'avez senti jamais, où pouviez-vous trouver une âme plus faite pour la vôtre? Tout, jusqu'à notre sort commun, sembloit fait pour nous réunir. Tous deux sans parens, sans famille, ayant éprouvé, dès le moment de notre naissance, l'abandon, le malheur et l'injustice, la nature sembloit nous avoir mis au monde pour nous chercher, pour nous tenir l'un à l'autre lieu de tout, pour nous servir d'appui mutuel, comme deux roseaux qui, battus par la tempête, se soutiennent en s'attachant l'un à l'autre. Pourquoi avez-vous cherché d'autres appuis? Bientôt, pour votre malheur, ces appuis vous ont manqué; vous avez expiré en vous croyant seule au monde, lorsque vous n'aviez qu'à étendre la main pour retrouver ce qui étoit si près de vous et que vous ne vouliez pas voir! Ah! si votre vie eût été prolongée, peut-être la nature, qui nous avoit poussés l'un vers l'autre, nous auroit rapprochés encore pour ne nous séparer jamais! Peut-être eussiez-vous senti (car votre âme, quoique trop ardente, étoit honnête) combien je vous étois nécessaire par le besoin même que j'avois de vous! peut-être eussiez-vous enfin cessé de vous faire le reproche, que vous vous faisiez quelquefois

dans des momens de calme et de justice,
d'être aimée comme vous l'étiez par moi et
de n'être point heureuse. Mais vous n'êtes
plus : me voilà seul dans l'univers! Il ne me
reste que la funeste consolation de ceux qui
n'en ont point, cette mélancolie qui aime à
s'abreuver de larmes et à les répandre sans
chercher personne qui les partage. Dans le
triste état où je suis, une maladie seroit un
bien pour moi; elle adouciroit mes peines
morales en aggravant mes maux physiques,
et peut-être me conduiroit-elle bientôt à la
fin désirée des unes et des autres. Un pres-
sentiment secret, qui pénètre et adoucit mon
âme, m'avertit que cette fin n'est pas éloignée...

Mais, hélas! quand je fermerai mes yeux
pour la dernière fois, ils ne retrouveront
plus les vôtres; ils n'en verront pas même
qui donnent des pleurs à mes derniers momens! Adieu, adieu, ma chère Julie, car ces
yeux, que je voudrois fermer pour toujours,

se remplissent de larmes en traçant ces dernières lignes, et je ne vois plus le papier sur
lequel je vous écris.

Imprimé par D. JOUAUST

POUR LA COLLECTION

DES CHEFS-D'ŒUVRE INCONNUS

NOVEMBRE 1879